A família
em desordem

**Obras de ELISABETH ROUDINESCO
publicadas por esta editora:**

A análise e o arquivo

De que amanhã...
(*com Jacques Derrida*)

Dicionário amoroso da psicanálise

Dicionário de psicanálise
(*com Michel Plon*)

Em defesa da psicanálise

Filósofos na tormenta

Freud – mas por que tanto ódio?

A família em desordem

Lacan, a despeito de tudo ou de todos

O paciente, o terapeuta e o Estado

A parte obscura de nós mesmos

Por que a psicanálise?

Retorno à questão judaica

Sigmund Freud na sua época e em nosso tempo

Elisabeth Roudinesco

A família
em desordem

Tradução:
André Telles

10ª reimpressão

ZAHAR

Copyright © 2002 by Librairie Arthème Fayard

Tradução autorizada da primeira edição francesa publicada em 2002 por Arthème Fayard, de Paris, França

Grafia atualizada segundo o Acordo Ortográfico da Língua Portuguesa de 1990, que entrou em vigor no Brasil em 2009.

Título original
La Famille en désordre

Capa
Sérgio Campante

CIP-Brasil. Catalogação na fonte
Sindicato Nacional dos Editores de Livros, RJ

    Roudinesco, Elisabeth, 1944-
R765f A família em desordem / Elisabeth Roudinesco; tradução André Telles. — 1ª ed. — Rio de Janeiro: Zahar, 2003.

    Tradução de: La famille en désordre.
    ISBN 978-85-7110-700-7

    1. Família — Saúde mental. 2. Família — Aspectos psicológicos. 3. Família — Aspectos sociológicos. 4. Psicologia social. I. Título.

            CDD: 616.8917
03-0138   CDU: 159.964.2:316.356.2

[2021]
Todos os direitos desta edição reservados à
EDITORA SCHWARCZ S.A.
Praça Floriano, 19 — sala 3001
20031-050 — Rio de Janeiro — RJ
Telefone: (21) 3993-7510
www.companhiadasletras.com.br
www.blogdacompanhia.com.br
facebook.com/editorazahar
instagram.com/editorazahar
twitter.com/editorazahar

Sumário

Prefácio, 7

1. Deus Pai, 13
2. A irrupção do feminino, 35
3. Quem matou o pai?, 47
4. O filho culpado, 67
5. O patriarca mutilado, 87
6. As mulheres têm um sexo, 115
7. O poder das mães, 147
8. A família do futuro, 181

Prefácio

Os recentes debates sobre o "pacto de solidariedade" (*pacs*)[1] trouxeram à luz uma situação inédita que nem os antropólogos, nem os psicanalistas, nem os filósofos, nem os sociólogos, nem os historiadores tinham realmente imaginado: afinal, por que homossexuais, homens e mulheres, manifestam o desejo de se normalizar, e por que reivindicam o direito ao casamento, à adoção e à procriação medicamente assistida? O que aconteceu então nos últimos trinta anos na sociedade ocidental para que sujeitos qualificados alternadamente de sodomitas, invertidos, perversos ou doentes mentais tenham desejado não apenas serem reconhecidos como cidadãos integrais, mas adotarem a ordem familiar que tanto contribuiu para seu infortúnio?

Por que esse *desejo de família*, inclusive considerando que a homossexualidade sempre foi repelida da instituição do casamento e da filiação, a ponto de se tornar, ao longo dos séculos, o significante maior de um princípio de exclusão?

---

[1] O pacto civil de solidariedade entrou em vigor na França com uma lei votada em 15 de novembro de 1999. Ele permite a casais (homossexuais ou heterossexuais) legalizarem sua união por um contrato específico, mas não supõe o direito à adoção de crianças ou à procriação medicamente assistida.

Em 1973, a revista *Recherches* publicava um número especial intitulado "Três bilhões de perversos". Contra os preconceitos de todos os tipos, filósofos, escritores e psicanalistas reivindicavam para os homossexuais um direito à diferença, sublinhando que a "maquinação homossexual entra em ruptura com toda forma de adequação possível a um polo parental de referência ... . Digamos simplesmente, acrescentavam, que dentre alguns outros o homossexual pode ser, pode se tornar o lugar de uma ruptura libidinal importante na sociedade, um dos pontos de emergência da energia revolucionária desejante cujo militantismo clássico permanece desconectado. Não percamos de vista com isso que também existe uma loucura de hospício infinitamente infeliz, ou uma homossexualidade infinitamente vergonhosa e miserável."[2]

Os signatários se pretendiam herdeiros da longa história da *raça maldita*, magnificamente encarnada a seus olhos por Oscar Wilde, Arthur Rimbaud, Marcel Proust. A singularidade de um destino, mesmo o da *anormalidade*, lhes parecia preferível ao mergulho na monotonia de uma vida acadêmica e sem graça. Invocavam "nossos amantes berberes" contra toda forma de opressão — familiar, colonial, sexual.

A família era então contestada, rejeitada, declarada funesta ao desabrochar do desejo e da liberdade sexual. Assimilada a uma instância colonizadora, ela parecia carregar todos os vícios de uma opressão patriarcal, que proibia às mulheres o gozo de seus corpos, às crianças o gozo de um autoerotismo sem entraves, aos marginais o direito de desenvolver suas fantasias e suas práticas perversas. Édipo era então, com Freud, Melanie Klein e Lacan, considerado cúmplice de um capitalismo burguês do qual era preciso se livrar sob pena de

---

[2] *Recherches*, mar 1973. Entre os participantes estavam os nomes de Gilles Deleuze, Michel Foucault, Jean Genet, Félix Guattari etc.

recair no jugo do conservadorismo. O antiedipianismo causava furor,[3] apoiando-se aliás na grande tradição dos utopistas ou libertários que, de Platão a Campanella, haviam sonhado com uma possível abolição da família.[4]

Hoje em dia tais declarações são julgadas obsoletas pelos interessados, e mesmo hostis à nova moral civilizada em busca de norma e de um familiarismo redescoberto. Pois tudo indica que o acesso tão esperado a uma justa igualdade dos direitos em matéria de práticas sexuais — para as mulheres, para as crianças, para os homossexuais — tenha tido como contrapartida não a proclamação de uma ruptura com a ordem estabelecida, mas uma forte vontade de integração a uma norma outrora infame e fonte de perseguição.

Ao mesmo tempo, nunca o sexo foi tão estudado, codificado, medicalizado, exibido, avaliado, periciado. Os últimos levantamentos e laudos contemporâneos sobre a família ou sobre a situação das famílias têm como corolário novos estudos sexológicos sobre os casais e os acasalamentos mais requintados. As prosaicas descrições das diversas práticas sexuais florescem em lugar e no espaço de um discurso sobre o sexo, rebelde ou íntimo. Do mesmo modo vêm saciar o formidável interesse que nossa época dedica atualmente a uma forma inédita de pornografia, que podemos qualificar de puritana, na medida em que fornece uma classificação fria,

---

3 O antiedipianismo se apoiava na obra de Gilles Deleuze e Félix Guattari, *L'Anti-Œdipe. Capitalisme et schizophrénie*, Paris, Minuit, 1972. A esse respeito, remetemos ao capítulo 7 do presente volume: "O poder das mães".

4 "As mulheres de nossos guerreiros, escreve Platão, serão todas comuns a todos: nenhuma dentre elas habitará em particular com nenhum dentre eles. Do mesmo modo, os filhos serão comuns e os pais não conhecerão seus filhos, nem estes a seus pais." (*La République*, Paris, Gallimard, col. Bibliothèque de la Pléiade, 1950, p.415.) [Ed. bras.: *A República*, Rio de Janeiro, Ediouro, 1994.]

minuciosa e quase botânica das diferentes exibições do sexo: na literatura, na pintura e na arte cinematográfica.

Associado a esse fenômeno, o grande desejo de normatividade das antigas minorias perseguidas semeia problemas na sociedade. Todos temem, com efeito, que não passe do sinal de uma decadência dos valores tradicionais da família, escola, nação, pátria e, sobretudo, da paternidade, do pai, da lei do pai e da autoridade sob todas as formas. Como consequência, não é mais a contestação do modelo familiar que incomoda os conservadores de todos os lados, mas, ao contrário, a vontade de a ele se submeter. Excluídos da família, os homossexuais de outrora eram ao menos reconhecíveis, identificáveis, marcados, estigmatizados. Integrados, tornam-se simplesmente mais perigosos, uma vez que menos visíveis. Tudo se passa como se fosse preciso impedir-lhes o inefável, o idêntico ou a diferença abolida. Daí esse terror de um fim do pai, de um naufrágio da autoridade ou de um poder ilimitado do materno, que invadiu o corpo social no mesmo momento em que a clonagem parece ameaçar o homem com uma perda de identidade.

Sem ordem paterna, sem lei simbólica, a família mutilada das sociedades pós-industriais seria, dizem, pervertida em sua própria função de célula de base da sociedade. Ela se entregaria ao hedonismo, à ideologia do "sem tabu". Monoparental, homoparental, recomposta, desconstruída, clonada, gerada artificialmente, atacada do interior por pretensos negadores da diferença entre os sexos, ela não seria mais capaz de transmitir seus próprios valores. Como consequência, o Ocidente judaico-cristão e, pior ainda, a democracia republicana estariam ameaçados de decomposição. Daí a permanente evocação das catástrofes presentes e vindouras: os professores apunhalados, as crianças estupradoras e estupradas, os carros incendiados, as periferias entregues ao crime e à ausência de qualquer autoridade.

Nossa época gera assim, a propósito da família, um distúrbio profundo, do qual o desejo homossexual, transformado em desejo de normatividade, seria, a meu ver, um dos reveladores, no mesmo momento em que os poderes do sexo parecem nunca ter sido tão estendidos, no seio de uma economia liberal que tende a reduzir cada vez mais o homem a uma mercadoria.

Dediquei este ensaio a penetrar o segredo desses distúrbios de família.

Baseada durante séculos na soberania divina do pai, a família ocidental foi desafiada, no século XVIII, pela irrupção do feminino. Foi então que se transformou, com o advento da burguesia, em uma célula biológica que concedia lugar central à maternidade. A nova ordem familiar conseguiu represar a ameaça que esta irrupção do feminino representava à custa do questionamento do antigo poder patriarcal. A partir do declínio deste, cuja testemunha e principal teórico foi Freud ao revisitar a história de Édipo e de Hamlet, esboçou-se um processo de emancipação que permitiu às mulheres afirmar sua diferença, às crianças serem olhadas como sujeitos e aos "invertidos" se normalizarem. Esse movimento gerou uma angústia e uma desordem específicas, ligadas ao terror da abolição da diferença dos sexos, com a perspectiva de uma dissolução da família no fim do caminho.

Nessas condições, estará o pai condenado a não ser mais que uma função simbólica? Deve ele se obstinar a vestir novamente os ouropéis do patriarca de outrora, como queriam os conservadores? Deve ele, ao contrário, se transformar em educador benevolente, como desejavam os modernistas? Se o pai não é mais o pai, se as mulheres dominam inteiramente a procriação e se os homossexuais têm o poder de assumir um lugar no processo da filiação, se a liberdade sexual é ao mesmo tempo ilimitada e codificada, transgressiva e normalizada, pode-se dizer por isso que a existência da família está ameaçada? Estaremos assistindo ao nascimento de uma onipotência do "materno" que viria definitivamente aniquilar o antigo poder do masculino e do "paterno" em benefício de uma sociedade comunitarista ameaçada por dois grandes espectros: o culto de si próprio e a clonagem?

Eis as questões levantadas por este livro.

1
Deus Pai

Como assinalava Claude Lévi-Strauss em 1956, "a vida familiar apresenta-se em praticamente todas as sociedades humanas, mesmo naquelas cujos hábitos sexuais e educativos são muito distantes dos nossos. Depois de terem afirmado, durante aproximadamente cinquenta anos, que a família, tal como a conhecem as sociedades modernas, não podia ser senão um desenvolvimento recente, resultado de longa e lenta evolução, os antropólogos inclinam-se agora para a convicção oposta, isto é, que a família, ao repousar sobre a união mais ou menos duradoura e socialmente aprovada de um homem, de uma mulher e de seus filhos, é um fenômeno universal, presente em todos os tipos de sociedades."[1]

É então em função de unir um homem e uma mulher, isto é, um ser de sexo masculino e outro de sexo feminino,

---

1 Claude Lévi-Strauss, "La famille", in *Claude Lévi-Strauss. Textes de et sur Claude Lévi-Strauss*, reunidos por Raymond Bellour e Catherine Clément, Paris, Gallimard, 1979, p.95. Cf. também Jack Goody: "Não se conhece praticamente nenhuma sociedade na história do gênero humano em que a família elementar (nuclear) não tenha desempenhado um papel importante, na imensa maioria dos casos, como grupo residente no mesmo domicílio." (*La Famille en Europe*, Paris, Seuil, 2001, p.12-5). Foram recenseadas de quatro a cinco mil sociedades no mundo desde os primeiros estudos de Heródoto. Em todas elas a família conjugal está presente.

que a família é um fenômeno universal que supõe uma aliança de um lado (o casamento) e uma filiação do outro (os filhos).[2]

Depois de ter destacado que a universalidade da família repousa nessa concepção naturalista da diferença dos sexos, Claude Lévi-Strauss corrige o efeito dogmático que poderia produzir a adesão a essa evidência acrescentando que uma outra condição é necessária à criação da família: a existência prévia, diz ele, de "duas outras famílias, uma pronta a fornecer um homem, a outra, uma mulher, que por seu casamento farão nascer uma terceira e assim indefinidamente". Este esclarecimento chama nossa atenção para o fato de que duas abordagens do fenômeno familiar são possíveis. A primeira, sociológica, histórica ou psicanalítica, privilegia o estudo vertical das filiações e das gerações insistindo nas continuidades ou nas distorções entre os pais e os filhos bem como na transmissão dos saberes e das atitudes herdadas de uma geração à outra. A segunda, mais antropológica, ocupa-se sobretudo da descrição horizontal, estrutural ou comparativa das alianças, enfatizando que cada família provém sempre da união — logo, do estilhaçamento — de duas outras famílias. No primeiro caso, usaremos com mais frequência a palavra "família"; no outro, "parentesco".[3]

---

2 Sobre esse ponto, Françoise Héritier se situa na linha direta do ensinamento de seu mestre, Claude Lévi-Strauss, quando afirma que "a observação da diferença dos sexos está no fundamento de qualquer pensamento, seja ele tradicional ou científico". A isso acrescenta que existe uma dominação ancestral do masculino sobre o feminino, que só foi "abalada no século XX com o advento, para as mulheres, do controle da fecundação". (*Masculin/féminin, La Pensée de la différence*, Paris, Odile Jacob, 1996.)
3 Claude Lévi-Strauss, "Préface", in *Histoire de la famille* (1986), 3 vols., sob a direção de André Burguière, Christiane Klapisch-Zuber, Martine Segalen e Françoise Zonabend, vol.I, Paris, GLF, col. Références, 1994, p.10. Na sequência do presente trabalho utilizo nesse sentido os dois termos.

De todo modo, e é Lévi-Strauss quem prossegue, "o que diferencia realmente o homem do animal é que, na humanidade, uma família não seria capaz de existir sem sociedade, isto é, sem uma pluralidade de famílias prontas a reconhecer que existem outros laços afora os da consanguinidade, e que o processo natural da filiação somente pode prosseguir através do processo social da aliança".[4] Daí decorrem, de um lado, a prática da *troca*,[5] que define a maneira pela qual se estabelecem os laços matrimoniais entre os grupos sociais — sobretudo a circulação das mulheres —, e do outro a necessidade da proibição do incesto, a qual supõe que as famílias "podem se aliar unicamente umas às outras, e não cada uma por sua conta, consigo".[6]

Se tal proibição é necessária à constituição da família, é que, além do primado natural induzido pela diferença sexual (a união de um homem e de uma mulher), intervém uma outra ordem de realidade, que, desta vez, não deriva de um fundamento biológico. E, com efeito, se a instituição da família repousa na existência de uma diferença anatômica, supõe também, na mesma proporção, a existência de um outro princípio diferencial, cuja aplicação assegura, na história da humanidade, a passagem da natureza à cultura. A proibição do incesto é portanto tão necessária à criação de uma família quanto a união de um macho com uma fêmea.

---

[4] Ibid., p.119. Cf. também Françoise Héritier, *L'Exercice de la parenté*, Paris, Gallimard/Seuil, col. Hautes Études, 1981.

[5] A noção de troca tomou grande importância em antropologia depois da publicação por Marcel Mauss em 1924 de seu "Essai sur le don: forme et raison de l'échange dans les sociétés archaïques", in *Sociologie et anthropologie*, Paris, PUF, 1950. Ver também Claude Lévi-Strauss, *Les Structures élémentaires de la parenté* (1949), Paris, Mouton, 1967. [Ed. bras.: *As estruturas elementares do parentesco*, Petrópolis, Vozes, 1984.]

[6] Françoise Héritier, *Masculin/féminin*, op.cit., p.119.

Construção mítica, a proibição está ligada a uma função simbólica. Ela é um fato de cultura e de linguagem que proíbe em graus diversos os atos incestuosos justamente por estes existirem na realidade. Permite igualmente diferenciar o mundo animal do mundo humano ao arrancar uma pequena parte do homem desse continuum biológico que caracteriza o destino dos mamíferos. Nessas condições, a família pode ser considerada uma instituição humana duplamente universal, uma vez que associa um fato de cultura, construído pela sociedade, a um fato de natureza, inscrito nas leis da reprodução biológica. Cumpre porém observar que, se a proibição do incesto (entre mãe e filho e pai e filha) parece ser claramente, com raras exceções,[7] uma das invariantes maiores da dupla lei da aliança e da filiação, ela nem sempre foi interpretada da mesma maneira segundo as sociedades e as épocas.[8] Assim, o casamento entre parentes próximos (primos, primas, irmãos, irmãs, cunhadas etc.) foi amplamente admitido nas civilizações antigas, antes de ser proibido pela Igreja cristã.[9]

---

7 Cf. Christian Jambet, "Morale de l'inceste et inceste moral. L'Iran mazdéen", *La Revue des Deux Mondes*, mai 2001, p.124-30.
8 Quando se fala da universalidade da proibição do incesto, visa-se em geral o incesto entre ascendentes e descendentes (pai/filha, mãe/filho) e não as outras formas de relações incestuosas, que não são objeto da mesma proibição no conjunto das sociedades humanas. Hoje em dia, nas sociedades democráticas, o ato incestuoso entre adultos é reprovado e sempre vivido como uma tragédia, e portanto como um interdito "interiorizado", mas não é punido enquanto tal se nenhuma queixa é feita por um dos parceiros. São punidos apenas a pedofilia (incestuosa ou não), o desvio de menores, o estupro, o exibicionismo ou o atentado ao pudor. O casamento incestuoso é proibido pela lei, e nenhuma filiação é admitida para um filho originário de tal relação. Só a mãe pode reconhecê-lo ao declará-lo de pai desconhecido.
9 Segundo Jack Goody, foram a instituição do matrimônio cristão e sua regulamentação definitiva no século XII que puseram fim na Europa às uniões entre parentes próximos, vendo-as doravante como "incestuosas". Cf. *La Famille en Europe*, op.cit., p.49-71.

A existência dessas duas ordens, às quais se mistura uma multiplicidade de diferenças ligadas aos costumes, aos hábitos, às representações, à linguagem, à religião, às condições geográficas e históricas, está na fonte de uma formidável riqueza de experiências humanas. Eis por que, interrogado por um sociólogo sobre a posição que deveria assumir a antropologia, enquanto disciplina, acerca da questão das novas formas de organização da família, Lévi-Strauss respondeu o seguinte: "O leque das culturas humanas é tão amplo, tão variado (e de manipulação tão fácil) que nele encontramos sem dificuldade argumentos em apoio a qualquer tese. Entre as soluções concebíveis para os problemas da vida em sociedade, o etnólogo tem como papel repertoriar e descrever aquelas que, nas condições determinadas, se revelaram viáveis."[10]

Embora o leque das culturas seja bastante amplo para permitir uma variação infinita das modalidades da organização familiar, sabemos claramente, e Lévi-Strauss o diz com todas as letras, que certas soluções são duradouras e outras não. Em outras palavras, é preciso de fato admitir que foi no seio das duas grandes ordens do biológico (diferença sexual) e do simbólico (proibição do incesto e outros interditos) que se desenrolaram durante séculos não apenas as transformações próprias da instituição familiar, como também as modificações do olhar para ela voltado ao longo das gerações.

Não basta portanto definir a família de um simples ponto de vista antropológico; é preciso também saber qual a sua história e como se deram as mudanças que caracterizam a desordem de que parece atingida na atualidade.

---

10 Citado por Éric Fassin, "La voix de l'expertise et les silences de la science dans le débat démocratique", in Daniel Borillo, Éric Fassin e Marcela Iacub, *Au-delà du pacs. L'expertise familiale à l'épreuve de l'homosexualité*, Paris, PUF, 1999, p.110.

A própria palavra recobre diferentes realidades. Num sentido amplo, a família sempre foi definida como um conjunto de pessoas ligadas entre si pelo casamento e a filiação, ou ainda pela sucessão dos indivíduos descendendo uns aos outros: um *genos*, uma linhagem, uma raça, uma dinastia, uma casa etc.[11] Para Aristóteles, contrário a Platão neste aspecto,[12] ela se define como uma comunidade (*oikia* ou *oikos*) servindo de base para a cidade (*polis*). Longe de constituir um grupo, é organizada em uma estrutura hierarquizada, centrada no princípio da dominação patriarcal. Três tipos de relações, ditas "elementares", lhe são constitutivas: a relação entre o senhor e o escravo, a associação entre o marido e a esposa, o vínculo entre o pai e os filhos. Como consequência, a *oikia* revela-se indispensável à vida em sociedade, uma vez que toda cidade se compõe de famílias, e que uma cidade, privada delas, estaria ameaçada de mergulhar na anarquia.

Quanto à família conjugal dita "nuclear" ou "restrita", tal como a conhecemos hoje em dia no Ocidente, trata-se da consumação de uma longa evolução — do século XVI ao XVIII — durante a qual o núcleo pai-mãe-filho(s), de que fala Lévi-Strauss, se destacou do que outrora constituía as *famílias*: um conjunto, uma "casa", um grupo, que incluía os outros parentes, as pessoas próximas, os amigos, os criados. Contudo, essa estrutura nuclear de base[13] parece ter existido na Europa da Idade Média, bem antes de tornar-se o modelo dominante da época moderna.

---

11 Cf. Jean-Louis Flandrin, *Familles. Parenté, maison, sexualité dans l'ancienne société* (1976), Paris, Seuil, col. Points, 1984, p.10-1; e Françoise Zonabend, "De la famille. Regard ethnologique sur la parenté et la famille", in *Histoire de la famille*, vol.I, op.cit., p.19-101.
12 Aristóteles, *Politique*, vol.I, Paris, Vrin, 1955. [Ed. bras.: *A política*, São Paulo, Martins Fontes, 1998.] Cf. também p.117 do presente trabalho.
13 Sobretudo na Europa do Norte, do Centro e do Oeste. Cf. André Burguière e François Lebrun, "Les cent et une familles de l'Europe", in *Histoire de la famille*, vol.III, op.cit., p.21-123.

Podemos distinguir três grandes períodos na evolução da família. Numa primeira fase, a família dita "tradicional" serve acima de tudo para assegurar a transmissão de um patrimônio. Os casamentos são então arranjados entre os pais sem que a vida sexual e afetiva dos futuros esposos, em geral unidos em idade precoce, seja levada em conta. Nessa ótica, a célula familiar repousa em uma ordem do mundo imutável e inteiramente submetida a uma autoridade patriarcal, verdadeira transposição da monarquia de direito divino. Numa segunda fase, a família dita "moderna" torna-se o receptáculo de uma lógica afetiva cujo modelo se impõe entre o final do século XVIII e meados do XX. Fundada no amor romântico, ela sanciona a reciprocidade dos sentimentos e os desejos carnais por intermédio do casamento. Mas valoriza também a divisão do trabalho entre os esposos, fazendo ao mesmo tempo do filho um sujeito cuja educação sua nação é encarregada de assegurar. A atribuição da autoridade torna-se então motivo de uma divisão incessante entre o Estado e os pais, de um lado, e entre os pais e as mães, de outro. Finalmente, a partir dos anos 1960, impõe-se a família dita "contemporânea" — ou "pós-moderna" —, que une, ao longo de uma duração relativa, dois indivíduos em busca de relações íntimas ou realização sexual. A transmissão da autoridade vai se tornando então cada vez mais problemática à medida que divórcios, separações e recomposições conjugais aumentam.[14]

Que essa última organização familiar seja o sintoma da importância que o século XIX atribuía à vida *privada*, ou que esta seja imposta como objeto de estudo em função desse

---

14 Encontramos uma boa síntese da evolução da família no Ocidente nos diferentes trabalhos de François de Singly, sobretudo *Le Soi, le couple et la famille*, Paris, Nathan, 2000. Cf. também Claudine Attias-Donfut, Nicole Lapierre e Martine Segalen, *Le Nouvel Esprit de famille*, Paris, Odile Jacob, 2002.

movimento — isso pouco importa em relação ao fato em si, verdadeira reviravolta que se produziu na sociedade ocidental em torno de 1850.[15] A esfera do privado, como sublinha Michelle Perrot,[16] surgiu então de uma zona "obscura e maldita" para se tornar o lugar de uma das experiências subjetivas mais importantes de nossa época.

Paralelamente, a descrição literária e histórica da família — ou da vida das famílias — foi substituída, entre 1861 e 1871, por uma abordagem estrutural dos sistemas de parentesco posta em prática pelas novas ciências humanas: sociologia, antropologia, psicologia. E a transformação do olhar dirigido a essa realidade teve como consequência valorizar a consideração de funções simbólicas — regras da aliança, da filiação ou da germanidade[17] — em detrimento de uma abordagem mais tradicionalista centrada no estudo das origens míticas do poder paterno, do patriarcado ou do matriarcado.

Na época moderna, a família ocidental deixou portanto de ser conceitualizada como o paradigma de um vigor divino ou do Estado. Retraída pelas debilidades de um sujeito em sofrimento, foi sendo cada vez mais dessacralizada, embora permaneça, paradoxalmente, a instituição humana mais sólida da sociedade.

---

15 Essa questão ainda divide os historiadores.
16 Michelle Perrot, "Introduction", in Philippe Ariès e Georges Duby (orgs.), *Histoire de la vie privée. De la Révolution à la Grande Guerre*, t.IV, Paris, Seuil, 1987, p.9. [Ed. bras.: *História da vida privada. Da Revolução à Primeira Guerra*, vol. IV, São Paulo, Companhia das Letras, 1991.]
17 Chama-se germanidade às relações entre irmãos e irmãs (ou germanos) sem distinções de sexo. Sobre a origem das investigações referentes ao parentesco, remetemos ao estudo clássico de Francis Zimmermann, *Enquête sur la parenté*, Paris, PUF, 1993. É a Henry James Summer Maine (1822-88), universitário inglês, que devemos o primeiro grande estudo (1861) sobre as relações da família e do parentesco: *Ancient Law. Its Connection with the Early History of Society and its Relations in Modern Ideas*, Londres, Jones Murray, 1871.

À família autoritária de outrora, triunfal ou melancólica, sucedeu a família mutilada de hoje, feita de feridas íntimas, de violências silenciosas, de lembranças recalcadas. Ao perder sua auréola de virtude, o pai, que a dominava, forneceu então uma imagem invertida de si mesmo, deixando transparecer um eu descentrado, autobiográfico, individualizado, cuja grande fratura a psicanálise tentará assumir durante todo o século XX.

Heroico ou guerreiro, o pai dos tempos arcaicos é a encarnação familiar de Deus, verdadeiro rei taumaturgo, senhor das famílias. Herdeiro do monoteísmo, reina sobre o corpo das famílias e decide sobre os castigos infligidos aos filhos.

Em direito romano, o *pater* é aquele que se designa a si mesmo como pai de uma criança por adoção, que a conduz pela mão. Como consequência a filiação biológica (*genitor*) é totalmente desconsiderada caso não se siga da designação pelo gesto ou pela palavra. Desse ritual resulta a posição de comando do pai no seio da família, bem como a sucessão dos reis e dos imperadores no governo da cidade.

Com isso, a paternidade natural não tem significação no direito romano: "Toda criança não reconhecida como seu filho por um homem, mesmo no caso de ter nascido de sua esposa legítima e de seus atos, não tem pai." Quanto ao pai, pode, se quiser, legitimar qualquer filho natural: "Ele pode lhe dar tudo, assim como a qualquer estranho, instituí-lo herdeiro, deserdar seus filhos legítimos em prol dele, pois é o senhor de sua casa. Mas pode igualmente deixá-lo na indigência, ignorá-lo completamente: esta criança não é seu filho, ele nada lhe deve."[18]

---

18 Jacques Mulliez, "La désignation du père", in *Histoire des pères et de la paternité* (1990), sob a direção de Jean Delumeau e Daniel Roche, Paris,

Sem abolir a paternidade adotiva, o cristianismo impõe o primado de uma paternidade biológica à qual deve obrigatoriamente corresponder uma função simbólica. À imagem de Deus, o pai é visto como a encarnação terrestre de um poder espiritual que transcende a carne. Mas não deixa por isso de ser uma realidade corporal submetida às leis da natureza. Como consequência, a paternidade não decorre mais, como no direito romano, da vontade de um homem, mas da vontade de Deus, que criou Adão para gerar uma descendência. Só é declarado pai aquele que se submete à legitimidade sagrada do casamento, sem o qual nenhuma família se integra.

Por conseguinte, o pai é aquele que toma posse do filho, primeiro porque seu sêmen marca o corpo deste, depois porque lhe dá seu nome. Transmite portanto ao filho um duplo patrimônio: o do *sangue*, que imprime uma semelhança, e o do *nome* — prenome e patronímico —, que confere uma identidade, na ausência de qualquer prova biológica e de qualquer conhecimento do papel respectivo dos ovários e dos espermatozoides no processo da concepção. Naturalmente, o pai é reputado pai na medida em que se supõe que a mãe lhe é absolutamente fiel. Por outro lado, a eventual infidelidade do marido não tem efeito na descendência, uma vez que seus "bastardos" são concebidos fora do casamento e portanto fora da família. Em contrapartida, a infidelidade da mulher é literalmente impensável, uma vez que atingiria o próprio princípio da filiação pela introdução secreta, na descendência dos esposos, de um sêmen estranho ao seu — e portanto ao "sangue" da família.

Na realidade, apenas a nomeação simbólica[19] permite garantir a cada pai que é de fato o genitor de sua progenitura,

---

Larousse, 2000, p.45. A propósito do debate moderno sobre a paternidade adotiva, remetemos ao capítulo 7 do presente volume: "O poder das mães".
19 Existem várias modalidades da transmissão do nome do pai, das quais encontramos o rastro atualmente no hábito de atribuir aos primogênitos o

pelo sangue e pelo sêmen: "Na época medieval, escreve Didier Lett, a maioria dos homens está convencida de que, por ocasião da concepção, o sêmen feminino não desempenha papel algum na formação do embrião e que apenas o esperma masculino goza de virtudes informativas e transmite semelhanças."[20]

O pai não é portanto um pai procriador senão na medida em que é um pai pela fala. E esse lugar atribuído ao verbo tem como efeito ao mesmo tempo reunir e cindir as duas funções da paternidade (*pater* e *genitor*), a da nomeação e a da transmissão do sangue ou da raça.[21] De um lado o engendramento biológico designa o genitor; de outro a vocação discursiva delega ao pai um ideal de dominação que lhe permite afastar sua progenitura da besta, da animalidade, do adultério e do mundo dos instintos, encarnado pela mãe. A palavra do pai, ao delinear a lei abstrata do *logos* e da verdade, não prolonga a alimentação materna senão ao preço de separar o filho do laço carnal que o une, desde seu nascimento, ao corpo da mãe.[22]

---

prenome do avô paterno e às primogênitas o prenome da avó paterna, e assim por diante. Pode-se também transmitir ao filho primogênito, além do patronímico, o prenome do pai ou o do padrinho.

20 Didier Lett, "Tendres souverains", in *Histoire des pères et de la paternité*, op.cit., p.26. A descoberta experimental dos ovários acontecerá em 1668 e a do espermatozoide (no microscópio) em 1674. Quanto ao processo de fecundação, será consolidado em 1875.

21 Até o século XVIII, o pertencimento à "raça" nobiliária era definido pelos laços de sangue, isto é, pela antiguidade das ascendências e o valor das alianças. No século seguinte, a burguesia irá substituir esse pertencimento pelo dos laços hereditários, assimilados a uma "raça" biológica "boa" ou "má": "As famílias, escreve Michel Foucault, portavam e esqueciam uma espécie de brasão invertido e sombrio cujos quarteirões infamantes eram as doenças ou as taras da parentela — a paralisia geral do ancestral, a neurastenia da mãe, a tísica da caçula, as tias histéricas ou erotômanas, os primos de maus costumes." (*La Volonté de savoir*, Paris, Gallimard, 1976, p.165.) [Ed. bras.: *A vontade de saber*, Rio de Janeiro, Graal, 1999.]

22 Odile Robert, "Porter le nom de Dieu", in *Histoire des pères et de la paternité*, op.cit., p.145-67.

Decerto os teólogos da época medieval se colocaram a questão de saber em que medida, no momento do orgasmo, a emissão de um líquido pela mulher podia desempenhar um papel na procriação. O sêmen feminino não seria necessário à geração de uma criança "normal", e, caso estivesse ausente, qual podia ser o risco para a descendência? Mas todos estes questionamentos visavam menos definir o status de um eventual desejo feminino na procriação do que fazer do ventre materno o receptáculo mais fecundo da potência paterna, fonte de reprodução.[23] Eis por que, nas representações cristãs da união conjugal, a mulher é sempre mostrada virada, com o dorso no chão. Ela deve se deixar passivamente "laborar", qual um fértil sulco, pelo pênis do homem. Em contrapartida, nas ligações proibidas, feitas de "fornicação" ou prazeres secretos, perde essa imagem para ser pintada como dominadora ou enfeitiçadora.

A ordem da procriação deve respeitar a ordem do mundo. Penetrada pelo homem deitado sobre ela, a mulher ocupa seu verdadeiro lugar. Porém, se a posição se inverter, a ordem do mundo se verá pervertida. Apenas a imagem do homem cavalgando a mulher e penetrando sua carne é reputada conforme à norma.[24]

A dupla temática do pai separador, dotado de cultura e de *cogito*, fonte de liberdade e de alimentação espiritual, e da mãe, natureza exuberante feita de fluidos e substâncias, foi um dos grandes componentes da representação judaico-cristã da famí-

---

23 Jean-Louis Flandrin, *Le Sexe et l'Occident. Évolution des attitudes et des comportements*, Paris, Seuil, col. Points, 1981.
24 Pierre Bourdieu conta que em Cabila o mito da origem do amor físico descreve a passagem de uma atividade sexual anômica, em que a mulher é ativa e iniciadora, para uma sexualidade controlada, instaurando a dominação dos homens sobre as mulheres. Cf. *La Domination masculine*, Paris, Seuil, 1998. [Ed. bras.: *A dominação masculina*, São Paulo, Bertrand, 1999.]

lia.²⁵ Ela será retomada como herança, depois de sofrer sérias revisões, pela filosofia das Luzes e pela psicanálise.

Entretanto, já se encontra presente, embora sob outra forma, na tragédia grega, cuja mensagem será assimilada pelo cristianismo.

Sabemos que na trilogia de Ésquilo, a *Oréstia*, que encena a história da família dos Átridas, Orestes, assassino de sua mãe Clitemnestra, é apontado por Apolo como inocente do crime de matricídio pelo fato de a mãe não passar do receptáculo do germe que carregou. "Só o pai gera", diz Apolo ao corifeu: "Aquele que se costuma chamar de filho não é gerado por sua mãe — ela é somente a nutriz do germe nele semeado — de fato, o criador é o homem que a fecunda; ela, como uma estranha, apenas salvaguarda o nascituro quando os deuses não o atingem. Oferecer-te-ei uma prova cabal de que alguém pode ser pai sem haver mãe. Eis uma testemunha aqui, perto de nós — Palas, filha do soberano Zeus Olímpico — que não cresceu nas trevas de um ventre materno."²⁶

Culpado de matricídio, Orestes é perseguido pelas Erínias, que defendem o direito de família ao exigir que cada geração de um crime que faça correr "sangue do mesmo sangue" seja punida com outro crime. Elas próprias nascidas

---

25 Vamos encontrá-la em Johann Jakob Bachofen, depois em Sigmund Freud e Jacques Lacan. Sobre essas questões, remetemos aos capítulos seguintes do presente volume.
26 Ésquilo, *Les Euménides*, in *Les Tragiques grecs*, Paris, Robert Laffont, col. Bouquins, 2001, p.422. [Ed. bras.: *As Eumênides*, in Ésquilo, *Oréstia*, Rio de Janeiro, Zahar, 1990.] Maurice Godelier mostrou que nos Baruia da Nova Guiné o esperma valoriza os homens e o sangue menstrual desvaloriza as mulheres. Apenas o esperma é capaz de alimentar o feto e produzir o esqueleto. Cf. *Production des grands hommes. Pouvoir et domination masculine chez les Baruya de Nouvelle-Guinée*, Paris, Fayard, 1982.

de Gaia e das gotas de sangue do pênis de Urano, que foi castrado por seu filho Cronos, essas Erínias — ou divindades vingativas — são de natureza animal e sacrificial, dotadas de uma onipotência matriarcal. Perante elas, Apolo defende os laços do matrimônio e do patriarcado que exigem vingança por parte do parente mais próximo de um homem assassinado. Assim, absolve Orestes afirmando que ele é menos o filho de sua mãe do que aquele que carrega o germe do pai. Orestes é portanto, acima de tudo, filho do pai, uma vez que somente a potência viril é capaz de engendrar. É então que intervém Atena, filha de Zeus: "Nasci sem ter passado pelo ventre materno, e meu ânimo sempre foi a favor dos homens, à exceção do casamento; apoio o pai. Logo, não tenho preocupação maior com uma esposa que matou o seu marido, guardião do lar."[27]

Embora ela também esteja invocando a supremacia do poder patriarcal sobre o matriarcado, Atena salva Orestes. Pois condena ao mesmo tempo Apolo e as Erínias, as quais obriga a se tornarem Eumênides — ou divindades benevolentes. Depois instaura o Areópago — ou tribunal dos cidadãos —, ao qual confia a responsabilidade de julgar e punir os crimes. Assim, o direito da razão e do *logos* separador, originário de Zeus e dos Olímpicos, substitui o direito mítico e arcaico (*mythos*) das famílias assoladas pela desmedida.[28]

Portanto, através da doação do nome, e pelo viés da visibilidade de uma semelhança, o pai se torna na Idade Média um

---

27 Ésquilo, *Les Euménides*, op.cit., p.424.
28 É em todo caso a mensagem de Ésquilo aos atenienses em 458 a.C., quando encena a história lendária dos Átridas. Sobre a maneira pela qual a filosofia grega reinterpreta os grandes mitos e sobre as relações do *mythos* com o *logos*, cf. sobretudo Jean-Pierre Vernant, "La formation de la pensée positive dans la Grèce archaïque" (1957) e "Les origines de la philosophie" (1980), in id. e Pierre Vidal-Naquet, *La Grèce ancienne*, vol.I: *Du mythe à la raison*, Paris, Seuil, col. Points, 1990, p.196-238.

corpo imortal. Muito embora sua carne esteja fadada à morte, prolonga, no nome que será carregado por seus descendentes, a lembrança de seus ancestrais, que igualmente perpetuaram a memória da imagem original de Deus pai.

Essa concepção de uma paternidade monolítica mas cindida em dois componentes — a carne e o espírito, o germe e o *logos*, a natureza e o *cogito* — reflete-se na tese medieval dos dois corpos do rei, que distingue, no soberano, um corpo pessoal perecível e um corpo político eterno, cujos membros são os súditos do reino. Doutrina biocorporal, essa teoria leva à sacralização, no monarca de direito divino, não apenas do pai, encarnação de Deus sobre a terra, mas do próprio Estado, garantido em sua perenidade para além da pessoa real.[29]

Dividido para melhor ser unificado, o princípio monárquico exerce uma dominação sem partilha sobre a ordem materna, a fim de que nenhuma irrupção do feminino possa extrapolá-la. E, mesmo no século XVI, quando o absolutismo real europeu se desligará do cosmo divino, no momento das guerras de religião, os artesãos da nova soberania monárquica verão o corpo da mulher como o lugar de todos os perigos.

Assim, Jean Bodin, teórico do fundamento profano da realeza, classifica o masculino ao lado da razão e o feminino ao lado do apetite passional, a fim de melhor demonstrar o perigo existente no caso de as mulheres se libertarem de sua sujeição à ordem marital. A seus olhos, o feminino, fonte de desordem, deve ser controlado pelas leis do casamento, assim como deve ser banida a *ginecocracia*.[30]

---

29 É a Ernst Kantorowicz que devemos o estudo dessa doutrina e a demonstração de que ela permitia compreender a genealogia do Estado moderno. Cf. *L'Empereur Frédéric II* (1927) e *Les Deux Corps du roi* (1957), seguidos de *Histoires d'un historien, Kantorowicz*, por Alain Boureau, Paris, Gallimard, col. Quarto, 2000.

30 Sobre a questão da ginecocracia, remetemos ao capítulo 2 do presente volume: "A irrupção do feminino".

É em 1580, na *Demonologia dos feiticeiros*, que Jean Bodin provavelmente se exprime melhor sobre esse estranho pavor. Assim como a religião, diz ele, a família deve perpetuar a soberania do pai, e só pode consegui-lo sob a condição de se libertar da influência da feitiçaria. Pois a feiticeira, verdadeiro paradigma da desmedida feminina, desafia permanentemente sua autoridade opondo-lhe uma força maléfica, sexual, sedutora, "ateia", fonte de sedição e de devassidão. Do mesmo modo é preciso combater, sem a menor clemência, as mulheres que se entregam a práticas diabólicas, pois ferem a própria noção de soberania.[31]

É ainda a uma teoria do *logos* separador que se vincula, em meados do século XVII, a concepção da autoridade paterna sustentada por Thomas Hobbes no seu *Leviatã*, o qual vê a ordem do mundo como composta de dois princípios soberanos: o estado de natureza, figurado pela mãe, única a designar o nome do pai, e o estado de aquisição, encarnado pelo pai: "Se não existe contrato, escreve ele, a autoridade é a da mãe. Pois, no estado de natureza, lá onde não existe lei alguma sobre o casamento, não se pode saber quem é o pai, a menos que seja designado pela mãe. Portanto, o direito da autoridade sobre o filho depende de sua vontade e, por conseguinte, este direito é seu."[32]

No estado de aquisição, a autoridade pertence ao pai, que a exerce como "um pequeno rei em sua casa", imitando assim,

---

31 Jean Bodin, *De la démonomanie des sorciers* (1560), Paris, Gutenberg Reprints, 1980. Cf. também M. Praud, "La *Démonomanie des sorciers*, fille de la *République*", in *Jean Bodin. Actes du Colloque Interdisciplinaire des 24-27 mai 1984*, Angers, Presses de l'Université d'Angers, 1985.
32 Thomas Hobbes, *Le Léviathan* (1651), Paris, Gallimard, col. Folio/Essais, 2000, trad. fr. de Gérard Mairet, p.325. [Ed. bras.: *O Leviatã*, Rio de Janeiro, Martin Claret, 2001.] A tradução de *dominion* por "autoridade" é preferível à "dominação", a fim de marcar claramente que o poder do pai não é natural mas construído, e homólogo ao poder do monarca.

na política, o governo dos homens. Mas o pai só exerce essa autoridade sobre o filho porque a mãe consentiu nos laços do casamento. Assim, a passagem do estado de natureza ao estado político é assegurada por uma transferência de soberania que atribui ao pai um poder oriundo da força de um desejo individual. Pois é da vontade da mãe que depende, segundo Hobbes, a designação do pai. Ela reconhece isso à imagem de um súdito que aceita se submeter ao princípio monárquico.

Provavelmente nunca houve uma idade de ouro da onipotência paterna, na medida em que as leis da cidade sempre tiveram como papel impor limites ao exercício de sua autoridade. Como havia demonstrado a tragédia da *Oréstia*, que repelira tanto os excessos da desmedida paterna como o caráter funesto do poder matriarcal, essa autoridade arriscava-se incessantemente a se revelar selvagem ou destruidora. A dominação do pai permaneceu portanto constante até o final do século XIX, a despeito da grande ruptura da Revolução de 1789, que lhe deu o golpe de misericórdia. Entretanto, as modificações que afetaram permanentemente a tranquila segurança desse reinado deram a impressão, aos contemporâneos de cada época, de que estava sempre ameaçada, denegrida, vilipendiada. Daí essa angústia para sempre traduzida na evocação da famosa frase de Horácio: "Valemos menos que nossos pais, e nossos filhos valerão menos que nós."

Terrível julgamento, que parecia proibir aos filhos superarem os pais!

Viria o tempo da revolta que permitiria voltar a opressão para a direção oposta. Se o pai era claramente, à imagem de Deus, o depositário de uma palavra que jamais reduzia a alma a um corpo carnal, certamente era preciso admitir que o filho fosse por sua vez capaz de perpetuar, enquanto filho, o ideal desse *logos* que o verbo paterno lhe transmitira. Assim, o pai podia ora encarnar uma força mortífera e devastadora, ora, ao contrário, tornar-se o porta-voz de uma rebelião simbólica do filho contra os abusos de seu próprio poder.

A maldição paterna foi uma das palavras mestras do século XVIII francês. Voltaire se gabou de ser um bastardo e contestou a autoridade daquele de quem portava o nome.[33] Condenava tanto o Deus cristão como o Deus judaico do Antigo Testamento, e, ao pai maldito por sua rigidez, opunha um pai do povo, tolerante com as liberdades religiosas, um pai amado por seus súditos, um grande homem cujo modelo era, a seus olhos, o rei Henrique IV, assassinado por um fanático.

O poder paterno viu-se, com isso, amesquinhado. Uma vez que o pai amaldiçoava sua descendência, o filho devia amaldiçoar o pai que dele fizera um libertino, escravo da devassidão, ou um desvairado, forçado à impotência. Ao endossar por sua vez o hábito de pai, seu passo seguinte só podia ser o de perenizar, em benefício de seus próprios filhos, a genealogia infernal da maldição paterna. Portanto não será surpresa encontrar o rastro dessa profecia da decadência repetida tanto na obra magna de Restif de La Bretonne, *A vida de meu pai*, de 1779, como nas pinturas de Greuze, nos relatos de Diderot,[34] nos ensaios de Rousseau ou nas descrições de filiações perversas e incestuosas imaginadas por Sade.[35]

---

33 René Pomeau (org.), *Voltaire en son temps*, vol.I: *D'Arouet à Voltaire*, 1694-1734, Oxford, Voltaire Foundation/Fayard, 1985.
34 Em 1938, Freud observava que Diderot indicara, em uma única frase e um século antes da psicanálise, a importância do complexo de Édipo: "Se o pequeno selvagem fosse abandonado a si mesmo, se conservasse toda sua imbecilidade e aliasse um pouco de razão infantil ao berço da violência das paixões do homem de trinta anos, ele torceria o pescoço de seu pai e dormiria com sua mãe." Citado por Freud in *L'Abrégé de psychanalyse* (Londres, 1940), Paris, PUF, 1967, p.64. [Ed. bras.: *ESB*, vol.23, Rio de Janeiro, Imago, 1976.]
35 Particularmente na *Philosophie dans le boudoir* (1795), Paris, Gallimard, 1976. [Ed. bras.: *A filosofia da alcova*, São Paulo, Iluminuras, 1999.] Sade preconiza como fundamento para a República a obrigação do incesto, da sodomia e do crime (no capítulo "Franceses, mais um esforço para se tornarem

À figura de Deus pai, fonte de maldição, contrapôs-se a partir de então o princípio de uma autoridade fundada num contrato moral e social. Provavelmente a maldição dos pais acarretava que os filhos amaldiçoassem seus próprios filhos, mas, inversamente, à ternura paterna correspondia também a piedade filial.[36]

Ao privilegiar a compaixão, a família pôde se transformar em uma instituição que, logo, seria complementada por outras instâncias — o Estado, a nação, a pátria —, sobretudo quando o pai fosse julgado fraco: "A mais antiga de todas as sociedades e a única natural, escreve Rousseau, é a da família. Ainda hoje os filhos não ficam ligados ao pai senão o tempo que precisam dele para se preservarem a si próprios. Mal cessa essa necessidade, o laço natural se desmancha. Os filhos, isentos da obediência que deviam ao pai, o pai, isento dos cuidados que devia aos filhos, ingressam todos igualmente na independência. Embora continuem unidos, não é mais naturalmente, é voluntariamente, e a própria família só se mantém por convenção … . A família é portanto, se quisermos, o primeiro modelo das sociedades políticas; o chefe é a imagem do pai, o povo é a imagem dos filhos, e todos, tendo nascido iguais e livres, não alienam sua liberdade senão por necessidade pessoal."[37]

---

republicanos"). Segundo ele, nenhum homem deve ser excluído da posse das mulheres, mas nenhum pode possuir uma em particular. As mulheres têm obrigação de se prostituírem, os filhos pertencendo à República e não aos pais. Devem também ser separados de suas mães desde o nascimento. A alcova sadiana, que se quer o modelo de uma sociedade futura, repousa além disso na abolição radical da instituição do pai em prol da coletividade dos irmãos. Em termos freudianos, poder-se-ia dizer que Sade propõe a construção de uma sociedade fundada na generalização da perversão polimorfa: nem interdito do incesto, nem lei do pai, nem *logos* separador.
36 Cf. Jean-Claude Bonnet, "De la famille à la patrie", in *Histoire des pères et de la paternité*, op.cit., p.253.
37 Jean-Jacques Rousseau, *Du contrat social*, in *Œuvres complètes*, vol.III, Paris,

Uma vez relativizada, a soberania de Deus pai se apaga lentamente. Herói burguês, o pai domesticado logo sucedeu ao herói guerreiro da antiga nobreza feudal. Do mesmo modo a família cristã, que tomara o lugar da família antiga conservando uma parcela de suas figuras tutelares, substituiu a família dos notáveis. Para ela, a religião era um rito, um costume, e não mais o lugar de uma manifestação da fé em Deus. Mas o poder que o pai perdera sobre a cena das batalhas e da cavalaria logo foi reinvestido por ele no teatro da vida econômica e privada.

Foi em 1757 que o enfraquecimento de Deus pai se tornou visível, provavelmente pela primeira vez de maneira tão nítida, com o ferimento infligido a Luís XV por François Robert Damiens. Oriundo de uma família camponesa, maltratado por seu pai, insolente, inclinado ao suicídio e no mínimo estranho por seu hábito de falar sozinho, o homem que atentou no dia 5 de janeiro contra a vida do soberano possuía sem dúvida o espírito tão perturbado quanto os dois regicidas precedentes.[38]

Pertencia à classe desses criados espezinhados por seus patrões, mas vivendo na sombra e na intimidade de uma nobreza que os levava a pensar que não o eram. Ora, à força de serem vilipendiados, perseguidos, seduzidos, utilizados,

---

Gallimard, col. Bibliothèque de la Pléiade, 1964, p.352. [Ed. bras.: *O contrato social*, São Paulo, Martins Fontes, 1999.] Lynn Hunt aponta que no século XVIII "a maioria dos europeus encarava seus dirigentes como pais e suas nações como famílias no sentido amplo". (*Le Roman familial de la Révolution française*, Paris, Albin Michel, 1995.)

38 Sobre as analogias e as diferenças entre Jacques Clément, Jean-François Ravaillac e François Robert Damiens, cf. Pierre Chevalier, *Les Régicides*, Paris, Fayard, 1989.

recrutados nas loucuras daqueles que os dominavam, acabavam por naufragar na miséria moral.³⁹

Obcecado pela ideia de que o reino caminhava para seu fim, Damiens quis *tocar* o rei. E, através desse *tocar*, que lembra o gesto dos reis taumaturgos roçando com a mão as escrófulas de seus súditos, tratava-se claramente para ele de despertar o espírito do soberano, de chamá-lo à razão, de curá-lo de seus vícios. Através dos rumores de bastidor, o criado *sabia* que a França corria o perigo de ser governada por uma mulher e, pior ainda, pelo corpo das mulheres, pela paixão que o rei dedicava ao sexo das mulheres. A influência do feminino ameaçava então a cabeça do rei, a alma do monarca, a soberania do reino.

Damiens tocou o corpo do rei com a lâmina de um canivete e assumiu seu gesto. Contrariamente aos outros regicidas, não queria matar. No entanto aquele *ato falho* foi pior para a realeza do que um assassinato bem-sucedido. Luís XV mergulhou na melancolia. Àqueles que afirmavam que aquele pequeno corte não deixaria marca alguma, respondeu: "A ferida é mais grave do que os senhores pensam, pois atinge o coração, e, se o corpo vai bem, *isto* vai mal." E apontou para sua cabeça: "E *isto* é impossível de curar."

Aos olhos de muitos historiadores esse ato falho anuncia, por antecipação, o regicídio legal do 21 de janeiro de 1793: a morte de Luís XVI depois da abolição da monarquia, a agonia de Deus pai. Ao cortar a cabeça do rei, dirá Balzac, a Revolução derrubou a cabeça de todos os pais de família.

Michel Foucault descreveu o horror do suplício de Damiens, um dos mais cruéis de todos os tempos. A resistência do corpo foi tal que os cavalos arremeteram sessenta vezes antes de romper os membros do desafortunado criado, já mil

---

39 Cf. Gilles Perrault, *Le Secret du roi*, t.I, Paris, Fayard, 1992, p.378-87; e Jacques Delaye, *Louis XV et Damiens*, Paris, Gallimard, 1986.

vezes torturados. No entanto, em seu martírio, Damiens se tornou de certa maneira um duplo do rei, agrilhoado em um leito de dor e revelando com seu corpo mutilado o futuro de uma monarquia patriarcal presa de seus terrores.[40]

O rei não assistiu por muito tempo ao suplício, mas exigiu ser informado de seu desdobramento nos mínimos detalhes. Quanto aos homens, desviaram rapidamente os olhos da cena, tanto o espetáculo os repugnava. Em contrapartida, como assinala Casanova, as mulheres não manifestaram a mesma repugnância: "E isso em nada se devia à crueldade de seu coração. Disseram-me, e tive de fingir [sic] que acreditava, que não conseguiam sentir a menor piedade de semelhante monstro, tanto amavam Luís XV."[41]

Numerosas foram as testemunhas dessa sombria festa que guardaram a lembrança de um comportamento feminino particular, diferente do dos homens, e de uma ferocidade quase inconfessável. Uma espécie de gozo ilimitado parecia impulsionar as mulheres a olharem o horror sem desmaiar.

A evocação dessa especificidade feminina na crueldade[42] será um dos temas recorrentes do discurso misógino. E, se foi capaz de perdurar ao longo dos séculos com tal vigor, é porque traduzia um medo do feminino autenticamente masculino, e mais ainda uma obsessão pela *feminilização* do corpo social que só fará se agravar com o declínio da monarquia e a deterioração da figura do pai.

---

40 Cf. Michel Foucault, *Surveiller et punir. Naissance de la prison*, Paris, Gallimard, 1975. [Ed. bras.: *Vigiar e punir. Nascimento da prisão*, Petrópolis, Vozes, 2000.]

41 Giacomo Casanova de Singalt, *Histoire de ma vie* (1822), Paris, Brockhaus e Plon, 1960, t.V, cap.III.

42 Mas já encontramos seu traço nos mitos gregos, como na lenda das bacantes, aquelas mulheres de Tebas enlouquecidas por Dioniso e capazes dos êxtases mais frenéticos.

2
A irrupção do feminino

No final do século XIX, no momento em que Freud introduz na cultura ocidental a ideia segundo a qual o pai gera o filho que será seu assassino, o tema do advento de uma possível feminilização do corpo social já é motivo de um debate sobre a origem da família. Nessa nova perspectiva, o pai deixa de ser o veículo único da transmissão psíquica e carnal, e divide esse papel com a mãe. Daí a frase de Auguste Comte, que opera uma inversão completa da teoria medieval das semelhanças: "Os filhos são sob todos os aspectos, mesmo fisicamente, muito mais filhos da mãe que do pai." Não será surpresa portanto ver surgir nesse contexto, beneficiando a difusão das hipóteses evolucionistas, uma vasta polêmica em torno da questão do patriarcado e do matriarcado.

A partir dos trabalhos de Henry Lewis Morgan,[1] o patriarcado passou a ser definido pelo discurso antropológico marcado pelo evolucionismo como um sistema jurídico-político no qual a autoridade e os direitos sobre os bens e as

---

[1] Advogado nova-iorquino, defensor dos iroqueses, Henry Lewis Morgan (1818-81) foi um dos fundadores da antropologia social e do estudo dos fatos de parentesco numa perspectiva ao mesmo tempo estrutural e evolucionista. Cf. *Systems of Consanguinity and Affinity of the Human Family* (1871), Oosterhout, Anthropological Publications, 1970.

pessoas obedeciam a uma regra de filiação patrilinear. A esse sistema opunha-se o matriarcado, segundo o qual a regra de filiação matrilinear decidia sobre essa mesma autoridade tomando como referência vínculos genealógicos que passavam pelas mulheres.² Embora esses dois sistemas jamais tenham existido em estado puro, e embora fosse impossível confundir uma ordem jurídica com uma modalidade qualquer de exercício do poder (paterno ou materno, masculino ou feminino), o imaginário ligado a essa bipolaridade sempre teve, em todos os tempos, força de lei. A ponto inclusive de se esquecer às vezes que a dominação do princípio masculino sobre o princípio feminino havia sido, em todos os tempos, e na quase totalidade das sociedades humanas, a única regra a partir da qual era possível construir as relações entre os sexos.

Se estes dois termos — patriarcado e matriarcado — assumiram uma extensão tão considerável no discurso antropológico da segunda metade do século XIX, foi menos porque serviam para definir um modo de funcionamento real das sociedades do que em função de darem conta das duas modalidades da nova soberania burguesa: uma fundada na autoridade paterna, a outra no poder das mães. Do mesmo modo foi preciso atribuir-lhes uma função de sexualização do laço social. Elas permitiam pensar a história da família sob a categoria não apenas da diferença sexual — o masculino contra o feminino e vice-versa — mas também da contradição entre duas formas de dominação econômica e psíquica: paternalocentrismo de um lado, maternalocentrismo de outro.

---

2 Nas sociedades de direito patrilinear, a autoridade é colocada do lado do pai e a ternura é apanágio da mãe e do irmão desta. O tio desempenha assim um papel "materno", e, em caso de conflito com o pai, o filho encontra conforto junto a ele. Nas sociedades de direito matrilinear, o pai é apenas o genitor, e é o tio materno quem exerce a autoridade paterna. Cf. Françoise Héritier, "Figures du père", *La Revue des Deux Mondes*, mai 2001, p.16-9.

Longe de resultar no crepúsculo da paternidade, a abolição da monarquia gerou, na sociedade do século XIX, uma nova organização da soberania patriarcal. Reintegrado em seu poder depois de derrotado pelo regicídio de 1793, o pai da sociedade burguesa não se assemelhava mais a um Deus soberano. Acuado em um território privado, e questionado pela perda da influência da Igreja em benefício da do Estado, ele consegue porém reconquistar sua dignidade perdida, tornando-se, para começar, o patriarca do empreendimento industrial.

Comunidade de trabalhadores — homens, mulheres e crianças —, a família econômica, que caracterizou a idade de ouro do paternalismo europeu, extraiu seus modelos de uma iconografia cristã dominada pela figura de José, o artesão carpinteiro, mais próximo de seu círculo do que o monarca de outrora, que reinava abstratamente sobre o corpo de seus súditos. Autocrata mas desprovido de atributos divinos, o *pater familias* da coletividade industrial teve como missão corrigir a selvageria de um capitalismo sem limites: "O patrão, como outrora o pai, escreve Alain Cabantous, defenderá portanto o operário contra as agressões do mundo circundante, garantindo-lhe trabalho e habitação; irá protegê-lo também contra ele próprio, colocando à sua disposição serviços de saúde ... . No seio desse espaço coletivo e vigiado, onde impõe suas práticas sociais, o *padre-padrone* assimila vida privada e vida de trabalho, família biológica e família econômica, para melhor garantir seu poder."[3] Tanto no coração de

---

3 Alain Cabantous, "La fin des patriarches", in *Histoire des pères et de la paternité*, op.cit., p.338. O que se trata aqui é do modelo burguês e da família. A realidade está bem afastada desse ideal, como demonstra o grande romance de Victor Hugo *Les Misérables* (1862), que denuncia as três taras que a sociedade industrial do século XIX inflige à família popular, ao povo dos pobres: a degradação do homem pelo proletariado, o enfraquecimento da mulher pela fome (e portanto pela prostituição), a atrofia da criança pela noite. (Paris,

seu lar como no de sua empresa, esse pai é um pai mais real que simbólico, sendo senhor de sua domesticidade apenas no sentido de que sabe impor limites ao exercício da onipotência do feminino, sejam mães ou mulheres misturadas.

A ordem familiar econômico-burguesa repousa portanto em três fundamentos: a autoridade do marido, a subordinação das mulheres, a dependência dos filhos. Mas, ao se outorgar à mãe e à maternidade um lugar considerável, proporciona-se meios de controlar aquilo que, no imaginário da sociedade, corre o risco de desembocar em uma perigosa irrupção do feminino, isto é, na força de uma sexualidade julgada tanto mais selvagem ou devastadora na medida em que não estaria mais colada à função materna. A mulher deve acima de tudo ser mãe, a fim de que o corpo social esteja em condições de resistir à tirania de um gozo feminino capaz, pensa-se, de eliminar a diferença dos sexos.

O fato de a paternidade ter sido reconduzida nessa função autoritária não impediu, porém, que se sujeitasse a todo tipo de fragmentação. E a imagem do pai dominador cedeu lugar progressivamente à representação de uma paternidade ética. Ao mesmo tempo, assistiu-se ao nascimento de uma nova figura da paternidade.

É na França, logo após a Revolução de 1789, que o Estado se torna o avalista da autoridade paterna. O "direito de correção" tende então a substituir o costume das *lettres de cachet*,[4] que antigamente permitiram às famílias do Antigo

---

Robert Laffont, col. Bouquins, 2002.) [Ed. port.: *Os miseráveis*, Lisboa, Europa-América, 1983, 5 vols.]

4 As *lettres de cachet* foram suprimidas em março de 1790. No Código Civil de 1804, o direito de correção é atribuído ao pai, que exerce sozinho a autoridade ao longo da duração do casamento. As *lettres de cachet* permitiam a um pai enviar à prisão o filho recalcitrante. Mirabeau foi vítima disso. Cf. Michel Chaillou, *Le Matamore ébouriffé*, Paris, Fayard, 2002; e Arlette Farge e Michel Foucault, *Lesttres de cachet des archives de la Bastille*, Paris, Gallimard, col. Archives, 1982.

Regime se livrarem facilmente dos herdeiros rebeldes. Mas esse direito supõe, para ser bem aplicado, que o pai seja também um *bom pai* e que não abuse em nada do poder a ele outorgado; que obedeça à regra do "quem ama muito, castiga muito". Longe de destruir a família, os revolucionários buscaram portanto, ao contrário, fazer dela o pivô da nova sociedade. Mas como abolir a ordem monárquica sem novamente colocar em questão o poder paterno e a legitimidade do casamento sobre o qual repousava? Regenerando intrinsecamente os valores de outrora, a fim de que não servissem mais para perpetuar a ideologia nobiliária.

Reinvestido em seu poder, o pai será então um pai justo, submetido à lei e respeitoso dos novos direitos adquiridos em virtude da Declaração dos Direitos do Homem e do Cidadão. Nessa perspectiva, o casamento mudou de natureza. Longe de ser um pacto da família indissolúvel e garantido pela presença divina, ele se torna um contrato livremente consentido entre um homem e uma mulher. Repousando no amor, dura apenas enquanto durar o amor. Essa mudança supõe o direito ao divórcio, instaurado em 1792, abolido pela Restauração e definitivamente conquistado a partir de 1884. Mas reconhece igualmente a ideia segundo a qual todo filho — ilegítimo, adulterino ou abandonado — tem direito a uma família, a um pai e a uma mãe. É assim que se assistirá, na sociedade pós-revolucionária, a uma certa atualização dos princípios da paternidade adotiva.[5]

Foi em 1821, nos *Princípios da filosofia do direito*,[6] que Hegel forneceu a melhor descrição da nova relação assim instaurada entre o indivíduo, a sociedade e o Estado. A partir

---

5 Sobre a questão da paternidade adotiva, remetemos ao capítulo 7 do presente volume: "O poder das mães".
6 Friedrich Hegel, *Les Principes de la philosophie du droit* (1821), Paris, Flammarion 1999. [Ed. bras.: *Princípios da filosofia do direito*, São Paulo, Martins Fontes, 2000.]

daí a família se torna, ao lado das corporações, uma das estruturas de base da sociedade. Pois sem ela, com efeito, o Estado só poderia lidar com massas despóticas ou tribais. Avalista da moralidade, ela repousa na instituição do casamento monogâmico ao unir, por consentimento mútuo, um homem e uma mulher que privilegiam, ambos, a inclinação espiritual sobre a paixão sexual. Pelo trabalho ou pela atividade intelectual, o marido enfrenta o mundo externo com uma reflexão ou sobre o mundo ou sobre si mesmo, ao passo que, no seio do lar, sua esposa, agora mãe, goza de uma liberdade autêntica.

Embora o pai seja designado como chefe de uma família igualmente assimilada a uma "pessoa moral", o patrimônio cujos interesses ele representa é, de certo modo, a tradução do exercício de seu poder simbólico, e somente sua morte permite a seus herdeiros terem acesso, por sua vez, a esse status. Os filhos repetem o destino dos pais e as filhas, o das mães.

Ao longo de todo o século XIX, a autoridade paterna foi incessantemente revalorizada, embora sendo em alguns lugares constantemente rompida, dividida, fragmentada, laicizada. E uma vez que o pai se tornava na França o depositário das instituições estatais, e, na Europa, da sociedade civil, a subordinação das mulheres e a dependência dos filhos não podiam mais ser ilimitadas. Se o pai se enfraquecia, se cometia erros ou injustiças, devia receber uma punição. É assim que a substituição do poder de Deus pai pelo do *pater familias* abre caminho para uma dialética da emancipação cujas primeiras beneficiárias serão as mulheres, e depois delas as crianças.

Entre o ano de 1889 — que marcou na França a entrada em vigor das grandes leis sobre a decadência do poder patriarcal, proibindo aos pais indignos infligirem a seus filhos castigos injustos — e o ano de 1935 — durante o qual foi definitivamente abolida a correção paterna —, surgiu na Europa uma representação contraditória da paternidade, aliando o sublime, o grotesco e o horrível. Encontramos seus traços já nos grandes romancistas franceses da Restauração e do Segundo Império: é assim que Jean Valjean ecoa o pai Goriot e o pai Grandet. Em outras palavras, a partir de 1889, e durante um século, o pai não se constrói como tal senão porque tem obrigações morais para com aqueles a quem governa. Seu status lhe impõe obrigações e, caso não as observe, é capaz de naufragar na indignidade e perder seu direito a ser pai.

Todas essas realidades são levadas em conta no grande debate que opõe, depois de 1860, os partidários e os adversários do patriarcado e do matriarcado. De Morgan a Friedrich Engels, passando por Frédéric Le Play e Johann Jakob Bachofen, a questão do declínio da autoridade paterna e da escalada em intensidade do poder das mulheres é vista de forma normativa. Ora o reino do matriarcado é apresentado como fonte de caos, de anarquia e de desordem, opondo-se ao do patriarcado, sinônimo de razão e de cultura, ora é descrito como um paraíso original e natural que o patriarcado teria destruído para instaurar seu despotismo autoritário.

Mas se existem discordâncias acerca de qual o melhor sistema, todos concordam em dizer que o patriarcado é uma forma tardia de organização social e que sucedeu a um estado primitivo de tipo matriarcal. Engels[7] via assim, no advento do patriarcado, a grande derrota do sexo feminino e a criação da luta de classes — a mulher se tornando, na família burguesa, "o proletário do homem" —, ao passo que Bachofen, de seu lado, crê na necessidade dessa derrota. Sem ela, pensa, a

---

7 Friedrich Engels, *L'Origine de la famille, de la propriété privée et de l'État* (1884), Paris, Scandéditions, 1983. [Ed. bras.: *A origem da família, da propriedade privada e do Estado*, São Paulo, Bertrand, 1995.]

humanidade mergulharia na decadência, subvertida pela preeminência irracional de uma feminilidade selvagem.

Na França, a temática do medo do transbordamento feminino assume a forma, de Louis de Bonald a Hippolyte Taine, de uma virulenta crítica dos ideais igualitários da Revolução, aos quais se atribui a responsabilidade por um relaxamento dos costumes, por uma inversão dos papéis sexuais e uma feminilização da sociedade. Para os defensores do discurso contrarrevolucionário, o divórcio é "intrinsecamente perverso" e é preciso retornar ao ideal segundo o qual o casamento deve se apoiar na dependência das mulheres em relação à autoridade dos pais. A restauração da monarquia passa aliás, para eles, pela reafirmação do poder paterno: para retirar o Estado das mãos do povo, comenta-se nesses círculos, é preciso tirar a família das mãos das mulheres e das crianças. Esse projeto malogra com a instauração da república.

Em 1870, Frédéric Le Play, sociólogo liberal e evolucionista, tenta conceber um programa de preservação da família tradicional mobilizando os meios modernos da pesquisa de opinião e estudando essencialmente o mundo operário. Divide a família em três tipos: a família patriarcal, em que os descendentes permanecem sob a dependência do pai até sua morte; a família de linhagem, em que apenas um dos filhos herda, permanecendo sob o teto de seus pais; a família restrita, que se reduz ao casal e aos filhos. A cada estrutura corresponde, segundo Le Play, uma etapa da evolução rumo ao mundo moderno, que conduz a família à sua dissolução. Assim ele vê na família de linhagem um modelo ideal capaz de restaurar a antiga autoridade patriarcal.[8]

---

[8] Frédéric Le Play, *L'Organisation de la famille selon le vrai modèle signalé par l'histoire de toutes les races et de tous les temps*, Paris, Téqui, 1871. Em 1983, Emmanuel Todd, inspirando-se nas teorias de Frédéric Le Play (1806-82), tentou demonstrar que as estruturas familiares, enquanto criadoras de relações

Mas é em Bachofen que se exprime da maneira mais manifesta e mais fascinante o grande terror da possível feminilização do corpo social. Em seu *Mutterrecht*,[9] publicado em 1861, e amplamente inspirado por um ardente darwinismo, inventa um romance familiar cíclico das origens da humanidade. Em uma época remota, diz, esta teria sido imersa numa espécie de arcaicidade, com suas raízes mergulhadas em pântanos e numa vegetação luxuriante. A esse caos dos primeiros tempos, a esse "rizoma"[10] telúrico, Bachofen dá o nome de "hetairismo", período marcado pela promiscuidade sexual e pelo reinado da deusa Afrodite. As mulheres são então expostas à violência dos homens, e as crianças não conhecem seus pais.

A segunda etapa, esta da ginecocracia, marca a instalação de um poder matriarcal. As mulheres fundam a família, inventam a agricultura, condenam o matricídio — o crime mais odioso — e encorajam a educação do corpo ao tomar a deusa Deméter como divindade simbólica. Sistema frágil, a ginecocracia é incessantemente ameaçada por um retorno do recalcado, como testemunha a história das Amazonas, surgi-

---

codificadas entre o indivíduo e a autoridade, servem de fundamento para os grandes sistemas ideológicos e políticos do planeta. Cf. *La Troisième Planète. Structures familiales et systèmes idéologiques*, Paris, Seuil, 1983. Para a crítica das teses de Le Play, cf. Hervé Le Bras, *Les Trois France* (1986), Paris, Odile Jacob, col. Opus, 1995, especialmente o capítulo dedicado à política da família.

9 Parcialmente traduzido em francês sob o título *Le Droit maternel. Recherche sur la gynécocratie de l'Antiquité, sur sa nature religieuse et juridique*, Lausanne, L'Age d'Homme, 1996. Cf. também Françoise Duroux, "Les avatars du Mutterrecht", *Revue Internationale d'Histoire de la Psychanalyse*, 4, 1991, p.523-43. Sobre o itinerário de Bachofen, cidadão da Basileia, cf. Carl Schorske, *De Vienne et d'ailleurs*, Paris, Fayard, col. Histoire de la Pensée, 2000.

10 Este termo será retomado por Gilles Deleuze e Félix Guattari, que tentarão assim valorizar, contra a lei do pai edípico, o fluxo de um desejo múltiplo rizomático, pulsional. Cf. *L'Anti-Œdipe*, op.cit.; e o capítulo 7 do presente volume: "O poder das mães".

mento de um imperialismo feminino diretamente originário do período do hetairismo.

É então que advém o reinado do patriarcado, afirma Bachofen, único a permitir o advento de uma civilização do espírito e do progresso. Com sua soberania finalmente assegurada, ele triunfa sobre os malefícios da ordem materna. O pai se encarrega de separar o filho da mãe a fim de lhe assegurar sua independência.[11] Mas esse regime patriarcal, tão necessário, é sempre ameaçado por reminiscências, mesmo parecendo solidamente estabelecido há séculos. Pois a lembrança recalcada do matriarcado subsiste sempre nele através dos mitos e das lendas que habitam sua memória. É preciso portanto defendê-lo e protegê-lo contra a irrupção do feminino.

Nessa perspectiva, Bachofen interpreta o mito de Édipo como a tradução da longa história do *Mutterrecht*. Segundo ele, o herói mata a Esfinge, símbolo do hetairismo, para instaurar em Tebas o reinado do matriarcado sob o cetro da rainha Jocasta. Agora representante de uma desordem social e de um desastre genealógico, ele conduz o regime à sua perda e à sua substituição pelo patriarcado.

Sempre ameaçado em seus fundamentos, o patriarcado o é ainda mais na aurora do século XX, já que, sempre segundo Bachofen, a família burguesa vê então seus privilégios atingidos em prol de um matriarcado armado com toda a força enganadora de uma modernidade à altura da Esfinge. Pois, seja qual for seu status, a Mulher, no sentido do *Mutterrecht*, permanece para todo o sempre a encarnação do excesso, da morte, do incesto, da selvageria, do canibalismo. Como consequência, todo movimento favorável à emancipação das mulheres constitui uma ameaça para o futuro do gênero, na medida em que favorece a feminilização do corpo social atra-

---

11 Encontramos aqui o tema cristão da paternidade assimilada ao *cogito* ou ao *logos*, que evoquei no capítulo precedente.

vés da abolição da diferença dos sexos e da generalização da androginia.

Freud divide com Bachofen a convicção de que o *logos* é de essência masculina e de que a humanidade vivenciou um progresso decisivo ao passar do matriarcado ao patriarcado, isto é, de um mundo dito "sensível" a um mundo dito "inteligível". Citando em 1909 um aforismo de Lichtenberg, segundo o qual "o astrônomo sabe praticamente com a mesma certeza se a lua é habitada e quem é seu pai, mas sabe com uma certeza bem diferente quem é sua mãe", assinala: "Foi um grande progresso da civilização quando a humanidade se decidiu a adotar, ao lado do testemunho dos sentidos, o da conclusão lógica, e passar do matriarcado ao patriarcado."[12] Nessa perspectiva, Freud considera a civilização (*Kultur*) como "a totalidade das obras e organizações cuja instituição nos afasta do estado animal de nossos ancestrais e que serve a dois fins: a proteção do homem contra a natureza e a organização dos homens entre si".[13]

Em outras palavras, se a família é para Freud uma das grandes coletividades humanas da civilização, ela não pode se distanciar do estado animal a não ser afirmando a primazia da razão sobre o afeto, e da lei do pai sobre a natureza.

Contudo Freud jamais cederá ao medo fantasioso de uma possível feminilização do corpo social. Contrariamente a Bachofen, e a um bom número de seus contemporâneos, nunca pensou que a emancipação das mulheres significasse o crepúsculo da razão. E seus empréstimos da obra de Bachofen são menos significativos de sua concepção da família do que a relação ambígua que manteve com o *Édipo* de Sófocles.

---

12 Sigmund Freud, "Remarques sur un cas de névrose obsessionnelle" (1909), in *Cinq psychanalyses*, Paris, PUF, 1954, p.251. [Ed. bras.: *ESB*, vol.10.]
13 Sigmund Freud, *Malaise dans la civilisation* (1930), Paris, PUF, 1971. [Ed. bras.: *ESB*, vol.21.]

3
Quem matou o pai?

A invenção da família edipiana teve tal impacto sobre a vida familiar do século XIX, e sobre a apreensão das relações inerentes à família contemporânea, que é indispensável captar por que estranho caminho Freud conseguiu assim revalorizar as antigas dinastias heroicas a fim de projetá-las na psique de um sujeito culpado de seus desejos. Como se efetuou então essa revisão que introduziu, no cerne da descrição moderna do parentesco, uma mitologia do destino e da maldição oriunda tanto do teatro grego e elisabetano como da literatura romanesca do século XIX?

Embora jamais tenha publicado trabalho algum sobre o *Édipo* de Sófocles, e embora não tenha consagrado estudo algum a seu famoso complexo, Freud sempre reivindicou essa invenção como um princípio essencial da psicanálise. Melhor, repetiu incessantemente que o complexo de Édipo era "um fundamento da sociedade na medida em que assegurava uma escolha de amor normal". Eis por que, em seu último texto, não hesitou em escrever estas palavras: "Só a descoberta do complexo de Édipo bastaria para colocar a psicanálise entre as preciosas aquisições do gênero humano."[1]

---

1 Sigmund Freud, *L'Abrégé de psychanalyse*, op.cit., p.65.

Toda a psicanálise resume-se então ao tema do parricídio e do incesto? Encontra-se portanto condenada, a crermos em seu fundador, a enunciar uma escolha de amor normal e a repetir a tríade descrita por Nietzsche em *O nascimento da tragédia*: "Édipo, figura mais dolorosa da cena grega ..., concebida por Sófocles como o homem nobre e generoso, condenado, a despeito de sua sabedoria, ao erro e à miséria mas que, por seus terríveis sofrimentos, acabou por exercer ao seu redor um poder mágico benigno, cuja força continua a se fazer sentir depois de sua morte ..., Édipo assassino de seu pai, esposo de sua mãe, vencedor da Esfinge! O que significa para nós a misteriosa tríade dessas ações fatais?"[2]

Decerto Freud em nada partilhava as convicções de Nietzsche, mas as interrogações deste último não são estranhas à sua leitura da obra de Sófocles.[3] Na esteira de Hegel, de Hölderlin e de Schopenhauer, Nietzsche devolvera à honra, contra as pretensões positivistas das ciências e da psicologia médica, uma concepção do mundo herdada da Grécia arcaica e fundada na oposição entre o dionisíaco e o apolíneo. Entre o gozo e a lei, o homem moderno sonhado pelo jovem Nietzsche devia, para realizar sua tarefa de despertar as forças vivas da arte e da criatividade, voltar a ser o herói da grande cena antiga das purgações. Obrigado a se descobrir diferente do que acreditava ser, devia ressuscitar a si próprio encontrando em sua psique as forças telúricas do riso e da dança, do demoníaco e do sagrado.

Abandonada durante séculos porque exprimia um extravasamento impossível de representar em um palco teatral, a

---

[2] Friedrich Nietzsche, *La Naissance de la tragédie* (1872), in *Œuvres*, t.I, Paris, Robert Laffont, col. Bouquins, 1993, p.66. [Ed. bras.: *O nascimento da tragédia*, São Paulo, Companhia das Letras, 1999.]
[3] Ver a esse respeito Jacques Le Rider, *Freud, de l'Acropole au Sinaï. Le retour à l'Antique des Modernes viennois*, Paris, PUF, 2002.

peça de Sófocles foi então revisitada, reinterpretada, universalizada.[4] Traduzida em alemão em 1839, conheceu nova sorte ao ser assimilada, a partir de 1886, a um desses "dramas da fatalidade" que encenava tristes histórias familiares, sobre um fundo de vingança e cenários de papel crepom. O "destino" intervinha sob a forma de um *deus ex machina* que em geral permitia a um casal de jovens, esmagados pelo poder paterno, libertar-se do peso de uma genealogia falaciosa. Revolta do filho contra o pai, da filha contra a mãe, dos adolescentes contra os pais, ou ainda avós transformados eventualmente em espectros: era claramente este o argumento desse teatro ilusório que se contentava em exibir as torpezas da família burguesa *fin-de-siècle*.

Freud tinha horror a elas. No entanto, testemunha privilegiada do grande mal das famílias que grassava em Viena, só renunciou a Franz Grillparzer[5] para voltar a Sófocles.

Herdeira dos mitos fundadores da civilização ocidental, a história da família maldita dos Labdácidas[6] remetia os homens do final do século XIX a um mal-estar estrutural que

---

4 Em 1659, Corneille recusou-se a adaptar a peça de Sófocles, achando "horrível" e "chocante" ter de encenar um herói furando os próprios olhos. Quanto a Voltaire, achou o tema "defeituoso e inverossímil". Com isso, mudou o conteúdo da peça inventando um outro personagem para realizar o assassinato de Laio. Fez de Édipo não o sujeito de um destino trágico, mas um homem que certo dia descobre ser o joguete de um deus despótico. Na idade clássica e no século seguinte, o Édipo sofocliano foi visto então como um "herói impossível" e também minimamente universal: "Para que Édipo seja o herói da revolução psicanalítica, escreve Jacques Rancière, é preciso um novo Édipo que revogue aqueles de Corneille e de Voltaire .... É preciso um novo Édipo e uma nova ideia da tragédia, a de Hölderlin, de Hegel ou de Nietzsche." (*L'Inconscient esthétique*, Paris, Galilée, 2002, p.25.)
5 Franz Grillparzer (1791-1872), dramaturgo vienense, poeta oficial do liberalismo e autor de uma tragédia do destino, *A avó*, duramente criticada por Freud. Depois de 1848, cultivou os valores da fidelidade, da piedade e do autossacrifício.
6 Cf. Jean Bollack, *La Naissance d'Œdipe*, Paris, Gallimard, col. Tel, 1995.

lhes parecia correlato da degradação da função monárquica do pai. Nesse contexto, Freud soube reatualizá-la como a expressão de uma espécie de crise "sacrificial"[7] do sistema patriarcal. Pois reunia nela todos os sinais de uma espécie de genealogia claudicante[8] que parecia confirmar a vinda desse apocalipse tão temível de uma possível supressão da diferença dos sexos. Mais que as dos Átridas[9] — cuja história também era redescoberta com as escavações que haviam permitido localizar os sítios de Troia e de Micenas —, as estruturas de parentesco próprias da família dos Labdácidas condenavam efetivamente as mulheres a só encontrarem seu lugar sob a égide da folia, do assassinato e da infâmia. Deste infortúnio decorria um distúrbio geracional que se repetia ao infinito até a extinção da raça (*genos*).

Fundador da dinastia, o rei Cadmo, unido a Harmonia, gerara um filho (Polidoro) que jamais conseguiu transmitir o poder a seu filho Labdaco (o manco), o qual morreu quando seu próprio filho, Laio, tinha um ano. Criado pelo rei Pélops, Laio se conduziu de maneira "claudicante" com seu hóspede,

---

7 Cf. René Girard, *La Violence et le sacré*, Paris, Grasset, 1972. [Ed. bras.: *A violência e o sagrado*, Rio de Janeiro, Paz e Terra, 1998.]
8 O tema da claudicância foi abordado por Claude Lévi-Strauss in *Anthropologie structurale*, Paris, Plon, 1958, p.227-54 [Ed. bras.: *Antropologia estrutural*, Rio de Janeiro, Tempo Brasileiro, 1996], e por Jean-Pierre Vernant, "Le tyran boiteux: d'Œdipe à Périandre" (1981), in id. e Pierre Vidal-Naquet, *Œdipe et ses mythes*, Bruxelas, Complexe, 2001, p.54-78.
9 A problemática que comanda o mito da família dos Átridas — cujas proezas são contadas por Homero e retomadas pelos Trágicos — é a de um modo de recuperação do poder centrado nas relações entre a soberania dos deuses e a dos homens. A história da dinastia termina com o triunfo dos Olímpicos, a instauração de uma supremacia do pai sobre a mãe e do poder da lei sobre a loucura criminal. Cf. Yves Bonnefoy (org.), *Dictionnaire des mythologies*, Paris, Flammarion, 1981.

violando seu filho Crisipo, que se suicidou.[10] À guisa de represália, Pélops condenou o *genos* dos Labdácidas à extinção. De volta a Tebas, Laio se casou com Jocasta, ela própria oriunda da dinastia de Cadmo. Foi então que a sucessão ao trono se tornou francamente delirante.

Advertido pelo oráculo de que não devia gerar descendência, e de que caso desobedecesse teria um filho que o mataria e dormiria com a mãe, Laio manteve com Jocasta relações sodomitas:[11] "Rei de Tebas de belos cabelos, lhe dissera o deus, evita inseminar, a despeito dos deuses, o sulco feminino. Se procriares um filho, essa criança te matará e tua casa inteira mergulhará no sangue."[12] Mas uma noite, incapaz de resistir, penetrou sua esposa do "lado bom" e lhe plantou um filho nos flancos. Ao nascer, este foi condenado a ser exposto no monte Citeron para ali morrer.[13] O pastor a quem foi confiado, e que devia realizar essa tarefa, lhe passou uma corda em torno do tornozelo a fim de suspendê-lo. Porém, em lugar de abandoná-lo, confiou-o a um criado de Pólibo, rei de Corinto, cuja mulher, Merope, era estéril. Apelidado Édipo em razão de seu pé inchado, o filho de Laio foi educado como um príncipe por aqueles a quem tomava como pais, que haviam-lhe feito o herdeiro do reino. Em seu corpo

---

10 Certos autores sublinham que Laio foi o introdutor da homossexualidade na Grécia; outros veem nesse ato um atentado às leis da hospitalidade.
11 Em certas versões, Laio se abstém de qualquer relação sexual com Jocasta. Sófocles não faz nenhuma alusão a uma falta antiga de Laio: o oráculo é uma ameaça e não uma maldição, e é sobre Édipo que pesa todo o fardo da maldição de ter "nascido condenado". Cf. Jean Bollack, *La Naissance d'Œdipe*, op.cit.
12 Eurípides, *Les Phéniciennes*, in *Les Tragiques grecs*, vol.II, op.cit., p.591. [Ed. bras.: *As fenícias*, Rio de Janeiro, Zahar, 2000.] Sófocles não diz por que Laio transgride a ordem divina. Eurípides atribui a transgressão à embriaguez, e Ésquilo a um desejo amoroso. Cf. *Les Sept contre Thébes*, in *Les Tragiques grecs*, vol.I, op.cit.
13 Na peça de Sófocles, é Jocasta quem toma a iniciativa dessa exposição.

conservava sem o saber a marca da dinastia claudicante dos Labdácidas.

Na idade adulta, confrontado um dia com o rumor de sua origem duvidosa, decidiu se dirigir a Delfos para consultar o oráculo, o qual repetiu sua predição. Édipo quis então afastar de si a maldição. Não voltou a Corinto, dirigindo-se para Tebas no exato momento em que esta cidade era atingida por múltiplos flagelos. Na encruzilhada dos três caminhos, cruzou com Laio e sua comitiva, que se dirigiam a Delfos a fim de interrogar o oráculo sobre o desastre que se abatia sobre seu reino. Como a passagem era demasiado estreita para ser atravessada pelos dois viajantes, houve uma discussão.[14] Édipo matou Laio e prosseguiu seu caminho rumo a Tebas, enquanto um sobrevivente da comitiva deste último anunciava na cidade a notícia da morte do rei. Creonte, irmão de Jocasta, originário da linhagem de Cadmo, subiu então ao trono. Condenado a não reinar senão de forma oblíqua, ao cabo de uma série de anomalias, e sem nunca conseguir transmitir o poder à sua descendência,[15] também ele era marcado por um destino claudicante. Rei efêmero, ofereceu publicamente o leito da rainha àquele que resolvesse o enigma da "virgem sutil".[16]

Meio-homem, meio-animal, ao mesmo tempo macho e fêmea, a Esfinge[17] (ou o Esfinge) guardava a entrada da cida-

---

14 Em Sófocles, Laio é o responsável pela discussão.

15 Creonte teve três filhos: Megareu, morto em combate na defesa de Tebas, Meneceu, que se imolou para salvar a cidade; e Hemon, noivo de Antígona, que se suicidou por amor. Eurídice, sua mãe, enlouquecida pela dor, se infligiu a morte. Cf. Ésquilo, *Les Sept contre Thèbes*; Eurípides, *Les Phéniciennes*; Sófocles, *Antigone, Œdipe à Colone*, in *Les Tragiques grecs*, vols.I e II, op.cit. [Ed. bras.: *Antígona, Édipo em Colono*, in *A trilogia tebana*, Rio de Janeiro, Zahar, 1999.]

16 É assim que Eurípides chama a Esfinge.

17 Segundo Pausânias, escritor grego do século II d.C., a Esfinge teria sido uma filha bastarda de Laio.

de ao mesmo tempo em que entoava profecias. Assim que avistava um viajante, propunha-lhe resolver um enigma que era o próprio enigma da condição humana, e portanto da condição trágica de Édipo, o herói, já assassino de seu pai sem o saber: "Existe sobre a terra um ser com dois, três e quatro pés, cuja voz é única. Só ele muda sua natureza entre aqueles que se movem sobre o solo, no ar e no mar. Mas é se apoiando sobre mais pés que seus membros possuem menos vigor."[18]

"É do homem que tu falas, respondeu Édipo; pequenino, quando se arrasta pelo chão ao sair do seio de sua mãe, tem primeiro quatro pés. Já velho, apoia-se sobre um bastão, terceiro pé, dorso curvado sob o fardo da idade."[19]

Aniquilada pelo poder de Édipo, a Esfinge desapareceu nas trevas[20] e Tebas pôde renascer. Creonte abandonou o trono e deu Jocasta em casamento ao herói, que não desejava nem amava a rainha mas se viu obrigado a esposá-la como um presente, como uma recompensa oferecida por uma cidade libertada, graças a ele, do flagelo da profetisa: "Esfinge e rainha, escreve Jean Bollack, simbolizam a cidade, uma em sua ruptura, outra em sua plenitude."[21] Com Jocasta, Édipo restaura a unidade de Tebas. Sem o saber, cometeu o incesto *após* o parricídio e depois substituiu Laio no ato de geração e de procriação.

Uma vez *tyrannos*,[22] Édipo exerceu o poder à maneira de um sábio reconhecido como mestre do saber e soberano abso-

---

18 Versão de Eurípides nas *Phéniciennes*, in *Les Tragiques grecs*, vol.II, op.cit., p.580.
19 Ibid.
20 Em certas versões, ela se suicida.
21 Jean Bollack, *La Naissance d'Œdipe*, op.cit., p.229.
22 *Tyrannos* (tirano) quer dizer ao mesmo tempo rei e senhor do conhecimento. O termo remete à ideia de uma soberania permanentemente espreitada por seu contrário, a desmedida, que pode fazer dele um *pharmakos*, esse bode

luto da cidade. Durante anos, ignorou que a mulher à qual havia ligado seu destino era sua mãe e que os quatro filhos que tivera dela (Etéocle, Polinice, Antígona, Ismene) carregavam consigo a marca da genealogia claudicante dos Labdácidas. Assassino de seu pai, tinha porém, por sua aliança carnal com Jocasta,[23] "laborado o próprio campo onde havia sido semeado", "obtendo depois seus próprios filhos de um casal idêntico àquele do qual havia sido gerado".[24] Irmão de seus filhos e de suas filhas, filho e esposo de sua mãe, conjugara o parricídio e o incesto quando se achava um igual dos deuses, o melhor dos homens, o mais sublime dos soberanos. Pior ainda, atentara contra a regra sagrada da diferença das gerações, necessária à ordem social e às estruturas fundamentais da família. Édipo era então um destruidor da ordem familiar: "A condição humana acarreta uma ordem do tempo, escreve Jean-Pierre Vernant, porque a sucessão das idades, na vida de cada indivíduo, deve ser articulada na série das gerações e respeitada a fim de se harmonizar com ela, sob pena de retorno ao caos."[25]

Ao violar as leis da diferença das gerações, Édipo transgredira então o próprio princípio *da* diferença, enquanto paradigma *da* lei simbólica humana que obriga que o um e o múltiplo sejam separados a fim de que *as* diferenças necessárias ao gênero humano não sejam eliminadas. Pois com efeito

---

expiatório maculado pela infâmia e obrigado a se descobrir outro que não o que acreditava ser.

23 A idade de Jocasta não é evocada em lugar algum, nem no mito, nem nos Trágicos, porém ela deveria ter pelo menos vinte e cinco anos a mais que Édipo. Nas *Fenícias*, ela aparece como uma mulher idosa da mesma geração que Édipo.

24 Sófocles, *Œdipe roi*, trad. fr. Jean Bollack, in *La Naissance d'Œdipe*, op. cit., p.78. [Ed. bras.: *Édipo rei*, in *A trilogia tebana*, Rio de Janeiro, Zahar, 1999.]

25 Jean-Pierre Vernant, "Le tyran boiteux...", op.cit., p.63.

Édipo estava, por seu duplo crime — o parricídio e o incesto —, *ao mesmo e no mesmo tempo* sobre quatro, sobre dois e sobre três pés. Com isso embaralhava a ordem social, biológica, política, familiar. Segundo a fórmula de René Girard, ele era "o assassino da diferença" e seus crimes significavam o fim de todas as diferenças.[26] Para libertar uma segunda vez a cidade dessa criminosa extinção da diferença, era preciso que ele se reconhecesse culpado, tornando-se depois ele próprio um *pharmakos*, uma abominável infâmia.[27]

Enquanto Édipo atingia a glória, a peste se abateu sobre Tebas.[28] Creonte foi então designado para ir a Delfos a fim de consultar o oráculo. "Laio foi morto, diz o deus, e nos faz a injunção clara de punir os autores do assassinato, sejam quem forem."[29] Interessado em descobrir o culpado, o próprio Édipo conduziu a investigação. Depois de ter suspeitado de Creonte, convocou o adivinho Tirésias, ancião bissexual, cego e quase imortal, contemporâneo de Cadmo e depositário da memória da cidade. Uma vez, após ter assistido ao acasalamento de duas serpentes, matara uma e, na mesma hora, se vira transformado em mulher. A mesma cena se repetira depois, e reencontrara sua identidade de homem. Era assim, segundo a lenda, o único humano a ter experimentado em seu corpo a realidade da diferença sexual.

Homem e mulher ao mesmo tempo, Tirésias conhecia o mistério sobre o qual se interrogavam os deuses e os mortais: quem, o homem ou a mulher, é o maior beneficiário do ato sexual? Consultado por Zeus e Hera, ousara afirmar que a mulher tirava do coito nove vezes mais prazer que o homem. Tendo assim traído o segredo tão ferozmente guardado de um

---

26 René Girard, *La Violence et le sacré*, op.cit., p.111.
27 Cf. Jean-Pierre Vernant, "Œdipe sans complexe", in *Œdipe et ses mythes*, op.cit.
28 É nesse momento que começa a peça de Sófocles.
29 Sófocles, *Œdipe roi*, in Jean Bollack, *La Naissance d'Œdipe*, op.cit., p.21.

gozo, ficou cego por obra de Hera, mas foi recompensado por Zeus, que lhe deu o dom da profecia e o poder de viver por sete gerações.[30] Ele, o cego, enxergava portanto o que o rei ainda não enxergava. Sabia que o assassino de Laio era Édipo, o soberano cumulado de honras e de felicidade. E lhe anunciou que o culpado seria por sua vez atingido pela cegueira antes de se tornar um mendigo.

Progressivamente, Édipo descobre a verdade através dos testemunhos do criado de Pólibo, de um lado,[31] e do pastor, de outro. O primeiro lhe traz a notícia da morte do rei de Corinto, que tomava por seu pai, o que o reconfortou. Mas logo lhe revelou que no passado o havia recolhido das mãos de um pastor que tinha a missão de expô-lo sobre o Citeron. Édipo interrogou então este último, que o designou como filho de Laio.

A importância atribuída por Sófocles a esses dois personagens desprovidos de nome próprio — o mensageiro e o pastor — fez com que Michel Foucault afirmasse que essa tragédia era menos "incestuosa" do que parecia. Provavelmente pode-se deduzir, dizia ele, por antecipação, uma certa concepção platônica da cidade, e portanto um questionamento da soberania monárquica do tirano em prol de um duplo saber encarnado, por um lado, pelos escravos, e, por outro, pelo adivinho. Saber empírico de um lado, conhecimento verídico do outro: o Édipo sofocliano não passaria então da história da desmedida de um poder político derrubado pelo povo antes de ser reabilitado pela filosofia sob a forma do soberano bem.[32]

---

30 Nicole Loraux, *Les Expériences de Tirésias. Le féminin et l'homme grec*, Paris, Gallimard, 1989.
31 Chamado de mensageiro na peça de Sófocles.
32 Michel Foucault, "La vérité et les formes juridiques" (1974), in *Dits et écrits*, vol.II, Paris, Gallimard, 1994, p.538-646, e mais precisamente p.553-68. [Ed. bras.: *A verdade e as formas jurídicas*, São Paulo, Nau, 2002.]

Na peça de Sófocles, construída como uma épura, Édipo descobre a verdade ao mesmo tempo que Jocasta. Embora ela o preceda na compreensão do acontecimento, tenta incessantemente retardar seu desfecho, como já o conhecesse, e, previamente, o destino que será o seu. No coração do drama, os homens ocupam posições diferentes das mulheres. Cinco personagens masculinos (Édipo, Creonte, Tirésias, o pastor, o mensageiro) encarnam efetivamente, cada um à sua maneira, a soberania de um poder ou de um saber face a uma única mulher, mãe, esposa e rainha. Jocasta vive fora do passado e da história, no centro de uma instantaneidade eternamente prolongada. Eis por que, aliás, é impossível atribuir-lhe uma idade.

Imersa no presente e preocupada com a unidade da cidade, ela se fragiliza do mesmo modo que Laio, o grande ausente do drama sofocliano. Decerto não é culpada do incesto, uma vez que não sabia que esposara seu filho, mas quis se esquivar do oráculo. Foi ela quem outrora havia decidido que a criança seria exposta sobre o Citeron. Quanto a Laio, primeiro responsável pela afronta feita a Édipo na encruzilhada dos três caminhos, de certo modo causou a discussão que levou à sua própria perda. Ao terem condenado Édipo à morte, Jocasta e Laio estão ambos na origem do nome que ele porta. Por essa razão mesmo, em Sófocles, Édipo é isentado de qualquer culpa. Entretanto em sua *hybris*, ele se dirá o "filho da Fortuna", depois de se ter perguntado em vão se tinha o nome de seu pai ou de sua mãe. À medida que se revela a funesta verdade, Jocasta a repele para proteger Édipo. Quando este receia a realização da profecia, ela o lembra quão frequentes são os sonhos incestuosos: "Quanto ao casamento com a mãe, não tem medo! Quantos outros também nos sonhos já não deitaram com sua mãe? Quem desdenha essas fantasias como nada atravessa a vida com menos dificuldade."³³ E do mesmo modo, ao tomar consciência, *antes dele*, da verdade, precede-o na autopunição: "Oh, maldito! Se pudesses nunca saber quem és." Evitando qualquer contato com o filho, precipita-se em seus aposentos para se infligir a morte por enforcamento, conforme aos ritos de suicídio das mulheres. Ao contrário dos homens, estas escolhem sempre desaparecer sem recorrer nem à violência das armas, nem à exibição cruel do sangue.³⁴ Quando Édipo a encontra, apodera-se dos agrafes de sua túnica e fura os olhos. E assim obedece à tradição masculina da morte voluntária sem contudo se suicidar.

Creonte então sobe novamente ao trono e traz ao palácio Ismene e Antígona, que permanecem mudas diante do pai: jovens sem homens, abandonadas por todos. Contrariamente a seus irmãos, a quem será restituído um poder "claudicante", elas serão, como Édipo, condenadas ao exílio e permanecerão "sem família".³⁵

---

33 *Œdipe roi*, op.cit., p.57. Jean-Pierre Vernant destaca que esses sonhos eram interpretados pelos gregos como o prenúncio de uma possível vitória no combate. Cf. "Œdipe sans complexe", op.cit.

34 Na versão fornecida por Homero, Jocasta (dita Epicasta) se enforca e Édipo morre na guerra de armas na mão. Sobre o suicídio de Jocasta na peça de Sófocles, cf. Jean Bollack, *La Naissance d'Œdipe*, op.cit.

35 Segundo a fórmula de Jean Bollack in *La Naissance d'Œdipe*, op.cit., p.280. Em *Édipo em Colono*, Édipo, velho e exilado, amaldiçoa seus filhos que disputam entre si a sucessão ao trono de Tebas. O poder é então restituído a Creonte, a quem Etéocle permanece fiel, ao passo que Polinice se alia aos inimigos da cidade. Os dois filhos de Édipo se assassinam mutuamente. *Antígona*, a peça mais comentada de Sófocles, coloca em cena o enfrentamento entre a filha de Édipo e seu tio. Encarnando as leis da família, a primeira exige que uma sepultura seja dada a seu irmão Polinice, a despeito de sua traição. Creonte, avalista da razão de Estado, recusa. Antígona é condenada à morte. Ao cabo dessa tragédia, a dinastia dos Labdácidas encontra-se aniquilada (cf. nota 15 do presente capítulo). Na última sequência do mito, o povo tebano é exilado, a cidade sendo destruída e pilhada pelos Epígonos.

Foi em 15 de outubro de 1897, três semanas depois de abandonar sua teoria dita "da sedução"[36], que Freud mencionou pela primeira vez o nome de Édipo: "A lenda grega captou uma compulsão que todos reconhecem porque todos a sentiram. Cada espectador foi um dia em germe, na imaginação, um Édipo, e se aterroriza diante da realização de seu sonho transposto na realidade. Estremece diante de toda a dimensão do recalcamento que separa seu estado infantil de seu estado atual."[37] Assim inventava o modelo do homem edipiano no exato momento em que passava de uma concepção traumática do conflito neurótico para uma teoria do psiquismo inconsciente. Os dois gestos eram complementares.

Entretanto, logo após ter mobilizado o nome de Édipo, Freud se volta para Hamlet: "Mas uma ideia me atravessou o espírito: não encontraríamos na história de *Hamlet* fatos análogos? ... Como explicar esta frase do histérico Hamlet: 'É assim que a consciência faz covardes de todos nós?' Como compreender sua hesitação em vingar seu pai pelo assassinato de seu tio? ... Tudo fica mais claro quando pensamos no tormento provocado nele pela vaga lembrança de ter desejado, por paixão por sua mãe, perpetrar a mesma empreitada para com seu pai."[38]

---

36 Abandonada por Freud em 21 de setembro de 1897 (carta do equinócio), a teoria dita "da sedução" supõe que toda neurose tem como origem um trauma sexual real sofrido na infância.

37 Sigmund Freud, *La Naissance de la psychanalyse* (Londres, 1950; Paris, 1956), Paris, PUF, 1991, p.198. Pode-se perguntar se Freud, ao escrever essas palavras, não pensava na carta enviada por Schiller a Goethe exatamente um século antes: "O *Édipo* [de Sófocles] é ao mesmo tempo uma simples análise trágica, tudo já está ali e será meramente desenvolvido." Cf. Jacques Le Rider, *Freud, de l'Acropole au Sinaï*, op.cit.

38 Sigmund Freud, *La Naissance de la psychanalyse*, op.cit., p.198-9. Sobre essa questão, remetemos ao capítulo 4 do presente volume: "O filho culpado".

Dois anos mais tarde, na *Interpretação dos sonhos*, Freud associava a história de Édipo e de Hamlet à dos deuses gregos fundadores do universo: Gaia, Urano, Cronos, Zeus. Sem se preocupar com a verdadeira significação desses mitos originários, que tinham por função estabelecer diferenças entre o mundo divino e o dos mortais, entre o reino dos Titãs e o reinado dos Olímpicos, delineava com gênio sua grande cena do desejo de incesto e do assassinato do pai. Esta não tinha grande coisa a ver com a peça de Sófocles, nem com os deuses da Ática,[39] nem com Shakespeare. Entretanto, inspira à civilização ocidental um modelo de romance familiar que prevalecerá durante um século.

Surgida do aberto (Caos), Gaia, a terra universal, ou Terra-mãe, engendra Urano, o céu estrelado que consegue se separar dela, obrigando-a assim a conservar em seu regaço os filhos produzidos por essa fusão (os Titãs). Cronos, o último a nascer, aceita ajudá-la a se separar. No momento em que Urano se debruça sobre ela, ceifa-lhe as partes sexuais com uma foice. Duas potências brotam dessa castração: a Querela (Éris) e o Amor (Eros). Os Titãs reinam sobre a terra. Mais tarde, Cronos se acasala com Reia; mas Gaia o prevenira de que um dia seria destronado por um de seus filhos, e assim ele devora cada um dos filhos. É então que, com a cumplicidade de Reia, Zeus, o último filho de Urano, se exila. Depois de múltiplas aventuras sobre um fundo de astúcia perpétua (*methis*), faz com que Cronos engula um veneno (*pharmakos*) que o obriga a vomitar sua progenitura. Provoca assim a guerra entre os Titãs e os Olímpicos. Vencedor, Zeus instaura

---

39 Sobre a interpretação dos mitos gregos, cf. Jean-Pierre Vernant, *L'Univers, les dieux, les hommes*, Paris, Seuil, 1999. [Ed. bras.: *O universo, os deuses, os homens*, São Paulo, Companhia das Letras, 2000.]

o reinado dos Olímpicos e separa o mundo divino do mundo mortal. Daí surgirá a tragédia dos homens, confrontados não apenas com os deuses (imortais) e o destino, mas consigo próprios: suas paixões, suas querelas, sua morte.

Em 1900, Freud transpõe então este mito para o universo darwiniano do fim de século, ilustrando com isso um declínio *necessário* da antiga tirania patriarcal. Sob sua pena, Cronos se torna o pai da horda selvagem que "devora seus filhos como o javali a ninhada de sua fêmea",[40] e Zeus um filho que castra seu pai para lhe tomar o lugar. Daí decorre, para a psicanálise, uma concepção da família fundada no assassinato do pai pelo filho, na rivalidade deste em relação ao pai, no questionamento da onipotência patriarcal, e enfim na necessidade, para as moças, de se emanciparem sexualmente da opressão materna: "Quanto maior o poder do pai na família antiga, mais o filho, seu sucessor natural, devia se sentir seu inimigo, e maior devia ser sua impaciência por alcançar por sua vez o poder, com a morte de seu pai. Em nossas famílias burguesas, o pai desenvolve o germe da inimizade natural que há em suas relações com seu filho não lhe permitindo agir a seu bel-prazer e recusando-lhe o meio de o fazer ... . Os pais se apegam de uma maneira doentia ao que resta da antiga *potestas patris familias* em nossa sociedade atual, e um autor está sempre seguro do que afirma quando, como Ibsen, coloca em primeiro plano em seus escritos o antigo conflito entre pai e filho. As ocasiões de conflito entre a mãe e a filha surgem quando a menina cresce e encontra em sua mãe uma guardiã no momento em que reivindica sua liberdade sexual. Quanto à mãe, vê no desabrochar de sua filha um aviso: já é hora de renunciar às suas pretensões sexuais."[41]

---

40 Sigmund Freud, *L'Interprétation des rêves* (Paris, 1926), Paris, PUF, 1957, p.224. [Ed. bras.: *ESB*, vol.4.]
41 Ibid., p.224.

Não satisfeito em "darwinizar" os mitos gregos, Freud impõe uma torção à peça de Sófocles. Pois, para validar a tese do desejo recalcado pela mãe, é preciso demonstrar que Édipo mata seu pai para consumar o incesto. Ora, na tragédia, o assassinato precede o incesto, e este não é em nada motivado pelo desejo do herói, que recebe Jocasta como um direito outorgado pela cidade. Em Sófocles, o incesto com a mãe não é a consequência de uma rivalidade com o pai, mas uma união sacrificial que anula as leis da necessária diferença entre as gerações.

Isso não impede Freud de reinterpretar em favor de sua tese o famoso sonho da união sexual com a mãe e de torná-lo o sonho universal de todos os humanos. Mas, para chegar a esse resultado, ainda é preciso transformar a pior das famílias e a mais louca das dinastias heroicas em uma família normal. Pouco importa a mensagem de Sófocles: o que conta agora para Freud é a história do filho culpado de desejar sua mãe e de querer assassinar seu pai. Uma vez que é necessário a Freud um "modelo único de família única"[42] capaz de resumir a história das origens da humanidade, Édipo será portanto culpado não de *ter* cometido um assassinato, mas de *ser* um sujeito culpado de desejar sua mãe. Culpado de ter um inconsciente, Édipo se torna então, na interpretação freudiana, um neurótico *fin de siècle*, culpado de seu desejo, escriturário de suas fantasias.

Caídos do céu dos deuses, o mito e a tragédia investem o campo dos sofrimentos originários. Freud pode então inventar o seu *Ödipuskomplex*.[43]

---

42 Segundo a fórmula de Jean Bollack in *La Naissance d'Œdipe*, op.cit., p.317-8.
43 A expressão aparece pela primeira vez em 1910, em "D'un type particulier de choix d'objet chez l'homme" (1910), in Sigmund Freud, *Œuvres complètes*, vol.X, Paris, PUF, 1993, p.197. [Ed. bras.: *ESB*, vol.11]. Observemos que o

Em 1910, o complexo foi portanto razão da tragédia, do mito, da lenda. Subsistia apenas, no fundo do coito observado, percebido, fantasiado, alucinado, a história do desejo da mãe e da rivalidade com o pai. Depois de ter explicado todo o desprezo que o garotinho mostrava pelas prostitutas quando descobria que sua mãe se lhes assemelhava ao deitar com seu pai, Freud escrevia: "Ele começa a desejar a própria mãe, no sentido recentemente aceito, e a odiar novamente o pai como rival que é obstáculo a esse desejo. Cai, como dizemos, sob a dominação do complexo de Édipo (*Ödipuskomplex*). Não perdoa sua mãe e considera à luz de uma infidelidade o fato de que tenha concedido o favor do comércio sexual não a ele, mas ao pai."[44]

Freud estava no entanto consciente do fato de que Édipo não podia ser culpado de desejar uma mulher que ele não conhecia — mesmo sendo sua mãe biológica —, e de que o desejo pela mãe não podia portanto preceder o assassinato do pai. Como consequência, para fazer o herói entrar no complexo, imaginou uma interpretação assombrosa do encadeamento dos acontecimentos e das figuras do mito.

Em 1927, em um texto dedicado a Dostoiévski, afirmou que a correlação entre o ato de Édipo e o desejo da mãe estava presente na peça e no mito sob a forma da decifração do enigma e da morte da Esfinge. Em outras palavras, não apenas fazia da Esfinge um personagem masculino — "*o monstro*" — e um substituto do pai, como atribuía a Édipo o assassinato da Esfinge. Portanto Édipo matava duas vezes seu pai a fim de conquistar a mãe. Primeiro abatia Laio, depois

---

próprio Freud se engana sobre a data de surgimento do complexo em sua obra, que considera como remontando à *Interpretação dos sonhos*, ed. fr., op.cit., p.229, nota 1.
44 Sigmund Freud, "D'un type particulier...", op.cit., p.197.

repetia seu ato sobre a Esfinge: "O herói comete o ato sem intenção e aparentemente sem influência da mulher, e no entanto essa correlação é considerada em função de que só pode conquistar a rainha mãe depois de repetir o ato sobre o monstro (*Ungeheuer*) que simboliza o pai."[45]

Compreende-se que essa interpretação tenha suscitado tantas críticas, mas Freud a sustentou até sua morte insistindo no fato de que "a ignorância de Édipo é tão somente uma descrição correta da inconsciência que o conjunto do acontecimento assume para o adulto. A sentença taxativa do oráculo que deve inocentar o herói é um reconhecimento da implacabilidade do destino que condena todos os filhos a passar pelo complexo de Édipo."[46]

Resta então um último problema a ser resolvido. Se a implacabilidade do destino pretendido pelo oráculo não é outra senão a eficácia simbólica do inconsciente em sua mais vasta universalidade, ainda é preciso encontrar sua fonte na lenda. Apoiando-se na noção de "romance familiar" elaborada por Otto Rank em 1909, Freud afirma em 1938[47] que o "caso Édipo" é uma exceção, uma vez que o herói é abandonado e depois adotado por famílias socialmente idênticas. Seja filho de Laio ou de Pólibo, permanece, em ambos os casos, um príncipe destinado a se tornar rei. Em outros termos, como enfatiza muito bem Jean Bollack, não há nenhum deslocamento do destino de Édipo para baixo ou para cima

---

45 Sigmund Freud, "Dostoïevski et la mise à mort du père" (1927), in *Œuvres complètes* vol.XVII, Paris, PUF, 1994, p.219. [Ed. bras.: *ESB*, vol.21.]
46 Sigmund Freud, *L'Abrégé de psychanalyse*, op.cit., p.64.
47 Sigmund Freud, *L'Homme Moïse et la religion monothéiste* (1939), Paris, Gallimard, 1986 [Ed. bras.: *ESB*, vol.23]. A noção de romance familiar diz respeito à maneira como um sujeito neurótico modifica seus laços genealógicos ao criar para si, mediante um relato ou fantasia, uma outra família diferente da sua, em geral mais heroica ou de origem real. Cf. Otto Rank, *Le Mythe de la naissance du héros* (1909), Paris, Payot, 1983.

da escala social. Ele não é nem o filho de um escravo recolhido por um rei, nem o de um rei criado por uma família modesta, nem o herdeiro de um faraó destinado a se tornar o eleito de Deus. Seja o que for que lhe aconteça, ele é da mesma origem desde toda a eternidade. E é efetivamente essa exceção que faz dele, segundo Freud, o protótipo do complexo. Uma vez que o inconsciente é atemporal, estrutural e imutável, Édipo pode encarnar a tragédia do inconsciente.

Podemos conjecturar que Freud reinventou *Édipo* para responder de maneira racional ao terror da irrupção do feminino e à obsessão pela supressão da diferença sexual que haviam tomado conta da sociedade europeia do fim do século, no momento em que se apagavam em Viena o poder e a glória das últimas monarquias imperiais. Com ajuda do mito reconvertido em complexo, Freud, de fato, restabelece simbolicamente diferenças necessárias à manutenção de um modelo de família que se temia que estivesse desaparecendo na realidade. Em suma, atribuía ao inconsciente o lugar da soberania perdida por Deus pai para nele fazer reinar a lei da diferença: diferença entre as gerações, entre os sexos, entre os pais e os filhos etc. Foi assim que o tirano da antiga tragédia do poder, que Nietzsche sonhara ser o herói dionisíaco de um novo humanismo, se metamorfoseou, sob a pena de Freud, em um sujeito culpado, encravado em sua neurose e condenado a não ser mais que o filho de sua mãe e o rival de seu pai.

Sabia-se doravante quem matou o pai e quem desejava a mãe, mas ainda se ignorava que o filho pudesse se sentir culpado não do assassinato do pai, mas do desejo desse assassinato e do desejo de desejar a mãe. Era Freud, mais uma vez, quem iria levantar essa hipótese, associando o destino de Hamlet ao de Édipo.

4
O filho culpado

"O caso Hamlet, escreve Jean Starobinski, acompanha o paradigma edipiano como uma sombra."[1] Se de um lado o Édipo de Sófocles é inconsciente, isto é, de uma eficácia simbólica que escapa ao sujeito, o Hamlet de Shakespeare é uma consciência aflita, um ator, um personagem culpado de ter um inconsciente. É portanto um herói cristão, bem diferente do homem grego em sua relação com o mundo divino. Não apenas Freud se apodera desse príncipe da Dinamarca, reinventado na aurora do século XVII, para fazer dele um histérico vienense, mas "hamletiza" Édipo para melhor construir o complexo. Hamlet, portanto, é Édipo mascarado ou Édipo recalcado.

Assim como Freud não dedicou nenhum estudo à peça de Sófocles, do mesmo modo nunca estudou a de Shakespeare a não ser para embasar seu modelo edipiano. Ao escolher precisamente esse drama, Freud queria mostrar que, "em reação ao complexo, Édipo tornara-se Hamlet, ou seja, um neurótico paralisado por escrúpulos e remorsos".[2]

---

[1] Jean Starobinski, "Hamlet et Œdipe", in *L'Œil vivant*, vol.II: *Relation critique*, Paris, Gallimard, 1970, p.291. Esse artigo foi publicado pela primeira vez sob o título "Hamlet et Freud", como prefácio à obra de Ernest Jones *Hamlet et Œdipe* (Londres, 1948), Paris, Gallimard, 1967.
[2] Sigmund Freud, *Conférences d'introduction à la psychanalyse*, Paris, Gallimard, 1999, p.426. [Ed. bras.: *ESB*, vol.15.]

Podemos levantar a hipótese de que, para analisar esse personagem e fazê-lo entrar no complexo, Freud põe em ação, à sua revelia, uma concepção do descentramento da imagem de si, que utilizará em outro contexto. Com efeito, segundo ele três feridas narcísicas foram infligidas ao sujeito ocidental entre meados do século XVI e o início do XX: a perda do controle do universo (por Copérnico), a perda da origem divina do homem (por Darwin), a perda da plenitude do eu (pela psicanálise).[3]

Ora, mergulhando sua inspiração na história das grandes mutações da soberania ocidental, a dramaturgia shakespeariana, contemporânea do reino dos Tudor, põe em cena as turbulências de uma subjetividade testemunha da lenta decomposição das representações tradicionais do cosmo. Escrito em 1600, a partir de uma lenda nórdica, o Hamlet de Shakespeare é um sujeito copernicano que ainda não consegue duvidar de maneira cartesiana dos fundamentos do pensamento racional. Inquieto e fraco, não consegue nem permanecer um príncipe, nem se tornar um rei, uma vez que não está nem mesmo seguro de "ser ou [de] não ser".

Ao passo que os pensadores políticos dessa época — de Maquiavel a Bodin — se entregam a uma vasta reflexão sobre as condições de existência de uma soberania monárquica dissociada do cosmo medieval e de Deus pai, Shakespeare prefere relatá-la sem opor a razão à tirania, nem o *logos* ao caos. De fato, toda sua dramaturgia visa fazer surgir o avesso cruel e pulsional de uma impossível soberania condenada ao suicídio, ao assassinato, à loucura:[4] uma soberania melancólica.[5]

---

3 Sigmund Freud, "Une difficulté de la psychanalyse" (1917), in *L'Inquiétante Étrangeté et autres essais*, Paris, Gallimard, 1985. [Ed. bras.: ESB, vol.22.]
4 No teatro de Shakespeare, de 1589 a 1613, há 52 suicídios. Contam-se cerca de 200 no teatro elisabetano. Cf. William Shakespeare, *Œuvres complètes*, vol.II: *Comédies II et tragédies*, Paris, Gallimard, col. Bibliothèque de la Pléiade, 1959. [Ed. bras.: in *Obras completas*, Rio de Janeiro, Nova Aguilar, 1995.]
5 É certo atualmente que Shakespeare lera o *Tratado da melancolia*, de Timo-

É em *Ricardo II*, escrita em 1597, que Shakespeare melhor descreve a crise melancólica sofrida por Hamlet três anos mais tarde. Ao projetar o verdadeiro rei medieval[6] na realidade do reinado dos Tudor, desfaz a teoria dos dois corpos do rei exibindo, através da famosa cena da deposição, a desmedida de um soberano sem limites, tão incapaz de governar quanto de transmitir à posteridade a função simbólica do poder.

"Ser ou não ser rei", eis a interrogação de Ricardo diante do conde de Northumberland, encarregado por Bolingbroke, futuro Henrique IV, de fazê-lo abdicar legalmente por um ato escrito. Preferindo renunciar, o próprio rei se desfaz de todos os atributos da dignidade real, depois contempla seu rosto num espelho. Não existe, portanto, como sujeito senão ao preço de se sujeitar à imagem de sua soberania narcísica reconquistada: "Abjuro minha dignidade sagrada ... . Abdico de toda pompa e toda majestade, abandono meus estábulos, lucros e rendimentos ... . O que sou senão um insignificante rei de neve exposto ao sol de Bolingbroke para me fundir inteiro em água ... . Sou maior que um rei, pois quando era rei meus lisonjeadores eram tão somente meus súditos, e agora que sou um súdito, eis que tenho um rei como lisonjeador."[7]

Tragédia da subjetividade, *Hamlet* é a sequência lógica desse drama histórico. Condenado a jamais ser rei, o herói do novo século galileiano busca sua identidade. Pode ele advir como um sujeito sem se desfazer de sua soberania de direito divino? Eis a questão.

---

thy Bright publicado em 1586 (trad. fr. de Éliane Cuvelier, Grenoble, Jérôme Millon, 1996), inspirando-se nele para descrever o humor de Hamlet.

6   Filho do Príncipe Negro, Ricardo II (1367-1400) reinou na Inglaterra de 1398 até sua morte, ao ser deposto e depois assassinado por seu primo Bolingbroke, duque de Hereford e filho de João de Gand, futuro rei Henrique IV (1367-1413). Cf. William Shakespeare, *Œuvres complètes*, vol.I: *Poèmes, dramas historiques, comédies I*, op.cit.

7   *Ricardo II*, op.cit., p.586-7, trad. fr. de François Victor Hugo.

Assombrado pelo espectro do rei morto, Hamlet se aborrece no reino da Dinamarca sem conseguir realizar o ato que este lhe reclama. Sua mãe, Gertrudes, que esposou Cláudio, assassino e irmão de seu esposo, lhe recrimina seu luto infindável e sua incapacidade de admitir a sucessão normal das gerações: "Vosso pai perdeu seu pai e vós o vosso, mas se o luto é normal durante algum tempo, torna-se sinal de um humor rebelde e de uma inteligência pueril ao se prolongar de maneira anormal."[8]

Como acreditar no que diz um espectro quando este só é visto pelos olhos de quatro testemunhas?[9] Trata-se realmente do espírito do pai? Como descobrir a prova do crime encoberto?[10] Estas são as questões do príncipe já presa dessa longa busca identitária. E sua inibição de ser torna-se tanto mais forte que o espectro exige dele que assuma uma tarefa impossível de realizar: matar o irmão incestuoso poupando a esposa infiel. Hamlet recusa o desafio, mas se amaldiçoa "por ter de recolocar o mundo do lado direito": "O tempo está fora de seus eixos [*The time is out of joint*]. Maldito seja o desassossego de ter nascido, eu, para fazê-lo entrar na ordem."[11]

Mulher tola e passiva, Gertrudes cercou seu filho de um amor excessivo pretendendo lhe poupar de qualquer violência, o que o levará a conhecer um destino contrário àquele que sonhara para ele: Hamlet destruirá sua família e seus próximos e mergulhará seu reino no caos sem nem mesmo ter reinado. Encarnação da negação perpétua, Gertrudes se recu-

---

8 *Hamlet*, op.cit., p.620, trad. fr. de François Victor Hugo.
9 Horácio, que duvida da existência do espectro; Hamlet que se interroga sobre sua identidade; Marcelo e Bernardo, os dois oficiais da guarda, que creem na existência de fantasmas.
10 Cf. John Dower Wilson, *Pour comprendre Hamlet. Enquête à Elseneur* (Cambridge, 1935), Paris, Seuil, col. Points, 1992. Prefácio de Patrice Chéreau e Claude Stratz.
11 *Hamlet*, op.cit., p.633.

sa a enxergar o que quer que seja da realidade. Assim, favorece o esquecimento do passado e a supressão do presente.[12] Tampouco compreenderá a significação de sua própria morte. O oposto radical de Jocasta.

Antigo conselheiro político do finado rei, pai de Laerte e de Ofélia, Polônio sempre serviu o trono, mas se submeteu a Cláudio sem jamais querer compreender que o poder está manchado pelo incesto e o crime. Misógino como seu filho, proíbe à sua filha corresponder ao amor de Hamlet, temendo vê-la tornar-se mulher. Morre de maneira grotesca, escondido atrás de um armário, pela espada de Hamlet, que o toma por Cláudio. Ofélia é portanto a vítima de seu pai e de seu irmão, ele próprio colérico e incapaz da menor revolta. Em sua loucura, que a levará ao suicídio por afogamento, Ofélia compõe canções licenciosas em que exprime toda sua sensualidade de moça obrigada a recalcar sua sexualidade e a viver num mundo marcado pelo pecado e a abjeção. Como Hamlet, obrigado a simular a loucura para afastar de si o amor que ela lhe inspira, Ofélia é vítima de uma família que proíbe a seus filhos dar vazão ao seu desejo e à sua subjetividade.

Pérfido, mentiroso, lúbrico, astucioso, Cláudio é um dos personagens mais fascinantes das tragédias de Shakespeare, uma espécie de duplo deformado de Hamlet. Entretanto, se por um lado o príncipe permanece um intelectual, amado pelo povo mas torturado por sua consciência e opondo a qualquer poder uma crítica destruidora do próprio poder, por outro seu tio encarna esse ideal negativo da política da qual os ingleses da época dos Tudor se alimentavam em sua crítica de Maquiavel e da Renascença italiana.

---

12 Nada permite dizer, na peça, que ela tenha cometido o adultério antes da morte de seu marido. A palavra é de fato empregada para qualificar seu casamento incestuoso com Cláudio.

Sujeito copernicano também, Cláudio preferiu se dedicar à conquista do mundo, ambição sem limites que resultará para ele na escravidão à mulher de seu irmão, objeto de todos os seus desejos. Tirano esclarecido, não hesita nem em evocar seu crime, nem em assumir sua própria infâmia: "A podridão de meu erro atinge o céu. Uma antiga maldição pesa sobre o assassinato de um irmão." Sabendo-se culpado, conhece sua fraqueza e a de Gertrudes, que prefere seu filho a ele: "Sua mãe tira toda a vida de seus olhos e no que me diz respeito — minha força e meu tormento — a rainha está a tal ponto unida à minha vida, minha alma, que, como escravizado por uma gravitação sideral, só consigo me mover ao seu redor."[13]

No coração dessa soturna maquinaria familiar, Hamlet sente o desconforto entre a injunção do espectro, que lhe ordena "falar à sua mãe" e nada "tramar contra ela", e sua rivalidade com um tio assassino que lhe usurpou um trono que ele não queria. Assim, é sobre sua mãe que despeja seu caudal de ódio e de invectivas: "Esse rei balofo vos irá desejar de novo sobre seu leito, beliscar divertidamente vossas bochechas, chamar-vos de seu ratinho. Ao preço de alguns beijos fétidos e de gracejos de suas malditas mãos sobre vossa nuca, aceitai que ele vos leve a sonhar que não sou louco realmente, mas por astúcia ... . Como, sendo apenas rainha e bela, e sóbria, e sensata, poderíeis manter ignorado desse moleque, desse garanhão, desse vampiro, tão dileto cuidado?"[14]

O massacre da família real se desdobra em uma série de atos falhos e de gestos ilusionistas. Gertrudes esvazia a taça envenenada preparada por seu esposo e destinada a seu filho. Depois Laerte toca Hamlet com a ponta de sua espada sem saber que esta fora embebida em veneno por Cláudio. No momento em que ele próprio é morto por Hamlet, tem

---

13 *Hamlet*, op.cit., p.682.
14 *Hamlet*, op.cit., p.669-70.

tempo para tomar consciência da perfídia do rei, contra o qual o príncipe volta sua arma acusando-o de ser o único responsável pela grande desordem do reino. Chega então Fortimbrás, príncipe da Noruega,[15] que se apodera do trono e presta homenagem a Hamlet: "Apenas lhe faltou oportunidade de demonstrar qualidades verdadeiramente reais."

Único personagem positivo dessa tragédia da soberania melancólica, Horácio, o primeiro a ver o espectro, logo aparece como o amigo fiel, o irmão corajoso, a testemunha, mas também o escriba, o herdeiro e o depositário da história que está vivendo. Assim, não tem nenhuma outra consistência senão a de ser testemunha das palavras do príncipe e do contexto no qual se desenrola o drama: "Respire a contragosto neste mundo cruel, lhe diz Hamlet, para mostrar aquele que eu fui."[16]

Se Freud busca penetrar o enigma da impotência de Hamlet, Ernest Jones[17] pretende resolvê-lo fabricando um Hamlet "edipianizado". O herói, dirá em substância, sentiu em sua infância uma grande afeição por sua mãe e conseguiu superar seu complexo. Mas, através de Ofélia, cedeu à atração infantil que esta sempre exerceu sobre ele e lhe dedicou um amor mórbido. Do mesmo modo, quando quis obedecer ao espectro, foi incapaz disso, sendo que um outro que não ele (Cláudio) realizou em seu lugar seu desejo edipiano: deitar com a mãe e matar o pai.[18]

---

15 Filho do rei do mesmo nome que fora morto em duelo pelo pai de Hamlet.
16 *Hamlet*, op.cit., p.701. E também: "Neste mundo horrível, reserva penosamente teu fôlego a fim de contar minha história", ibid.
17 Ernest Jones (1879-1958), psicanalista inglês, discípulo e biógrafo de Freud, fundador do movimento psicanalítico inglês e americano.
18 Ernest Jones, *Hamlet et Œdipe*, op.cit.

Esta célebre interpretação, que fazia uso do complexo como de um dogma psicológico, foi aprovada por Freud e por seus herdeiros. Ora, não apenas ela desprezava a significação real do drama, como passava ao largo de seu conteúdo essencial. Pois a questão levantada por Shakespeare não é a de saber por que Hamlet não consegue matar Cláudio, mas encenar a história de um homem que não sabe por que não consegue realizar o ato que deseja realizar. A esse respeito, como observa Patrice Chéreau: "Há um Hamlet para cada época e cada Hamlet acaba por nos dizer mais sobre essa época do que sobre si próprio."[19]

Em vez de se interrogar em vão sobre as causas psicológicas da inibição de Hamlet, e em lugar de se perguntar, como fizeram Freud e Jones, se o personagem é ou não o reflexo do inconsciente do poeta,[20] parece-nos mais útil destacar que, do ponto de vista do descentramento da subjetividade inventada por Freud para pensar a família edipiana, a tragédia do príncipe dinamarquês complementa magnificamente a do rei de Tebas. Ao herói culpado de ter um inconsciente; a Édipo, que não tem inconsciente porque *é* o inconsciente, contrapõe-se um herói culpado de se sentir culpado e capaz, como um histérico, de (se) dissimular seus desejos, seu passado, sua infância.

Freud não podia ter Édipo em análise. E eis por que provavelmente projeta sobre ele a universalidade possível de uma estrutura psíquica. Em contrapartida, podia fazer de

---

19 In John Dover Wilson, *Pour comprendre Hamlet*, op.cit., p.14.
20 Cf. Sigmund Freud: "O poeta só pode ter expresso em *Hamlet* seus próprios sentimentos. Georg Brandes indica em seu *Shakespeare* (1896) que esse drama foi escrito logo após a morte do pai de Shakespeare (1601), portanto em pleno luto, e podemos admitir que naquele momento as impressões de infância que se relacionavam a seu pai eram particularmente vivas. Sabemos aliás que o filho de Shakespeare, morto precocemente, chamava-se Hamlet." (*L'interprétation des rêves*, op.cit., p.231).

Hamlet um caso, um neurótico real, um histérico vienense, paralisado na realização de sua tarefa no exato momento em que surgia nele, através da injunção da vingança contra Cláudio, o desejo recalcado de matar o pai e conquistar a mãe. Ao preço dessa distorção, Hamlet se torna então para Freud a prova clínica da existência de um complexo que não podia levar seu nome, mas do qual era o porta-voz e experimentador. Ao associar uma tragédia do destino (*Édipo*) a uma tragédia do caráter (*Hamlet*),[21] Freud reuniu os pólos indispensáveis à própria fundação da psicanálise: a doutrina e a clínica, a teoria e a prática, a metapsicologia e a psicologia, o estudo da civilização e o do tratamento. E é de fato porque queria atribuir a Hamlet esse lugar fundador na história da clínica que transgrediu a seu respeito a regra que enunciara frequentemente e que proibia que a psicanálise servisse para interpretar obras literárias: "Que não se espere de um poeta a descrição clínica correta de uma doença mental", gostava de repetir.[22]

Mas há também uma outra razão, de ordem mais subjetiva, para a complementaridade introduzida por Freud entre Édipo e Hamlet. Pois mesmo que nada permitisse afirmar que o Hamlet de Shakespeare deseja sua mãe a ponto de querer matar inconscientemente seu pai, portanto de não conseguir matar seu tio, Freud utiliza o personagem porque é pessoalmente obcecado por identificações com as antigas dinastias reais. E constantemente refere-se a isso para traduzir sua dupla situação de filho no seio do império dos Habsburgo: filho rebelde em ruptura com a geração dos pais, judeu infiel presa do desejo de vingar a humilhação do pai.

---

21 Cf. Sigmund Freud, *Sigmund Freud présenté par lui-même* (1925), Paris, Gallimard, 1984, p.107-8. [Ed. bras.: *ESB*, vol.20.]
22 Sigmund Freud, *Correspondance*, Paris, Gallimard, 1966, p.96.

Confrontado certo dia em sua infância com o relato feito por seu pai sobre um ultraje sofrido por parte de um "gentio", Freud, como sabemos, associara a lembrança desse acontecimento a um outro, retirado da história antiga, e mais conforme às suas aspirações: a cena em que Amílcar faz com que Aníbal jure que o vingará dos romanos.[23] E descobrira em seguida, ao estudar a Grécia antiga, uma cultura que lhe permitira "superar o pai".

Não podendo *ser* Édipo, Freud se identifica com a neurose de Hamlet. E detestar Viena, nesse contexto, é sua maneira própria de exprimir um desassossego amplamente partilhado por outros intelectuais de sua geração. Em um artigo de 1961, e depois em um livro publicado vinte anos mais tarde, Carl Schorske evocou essa questão mostrando que os contragolpes da desintegração progressiva do Império Austro-Húngaro tinham feito dessa cidade "um dos mais férteis caldeirões da cultura a-histórica de nosso século. Os grandes criadores em música, em filosofia, em economia, em arquitetura e, muito evidentemente, em psicanálise, romperam mais ou menos deliberadamente todos os vínculos com a perspectiva histórica que estava nos fundamentos da cultura liberal do século XIX na qual haviam sido educados."[24]

Schorske igualmente apontou que na sociedade vienense dos anos 1880 o liberalismo havia sido uma promessa sem futuro, que afastava o povo do poder e o levava a se deixar guiar por demagogos antissemitas. Como consequência, diante dessa dupla atitude de niilismo social e de desencadeamento do ódio, os filhos da burguesia rejeitaram as ilusões de seus pais e se voltaram para outras aspirações ou para outras

---

23 Sigmund Freud, *L'Interprétation des rêves*, op.cit.
24 Carl Schorske, *Vienne fin de siècle* (Nova York, 1981), Paris, Seuil, 1983, p.10 [Ed. bras.: *Viena fin-de-siècle*, São Paulo, Companhia das Letras, 1988.] Cf. também *De Vienne et d'ailleurs*, op.cit.

modalidades de explicação do desassossego que os invadia: fascinação pela morte e pela atemporalidade em Freud; utopia de uma terra prometida em Theodor Herzl; desconstrução do eu para Hugo von Hofmannsthal; suicídio ou conversão em intelectuais como Karl Kraus ou Otto Weininger, obcecados pelo ódio de si judeu; invenção, enfim, de formas literárias originais com Joseph Roth, Arthur Schnitzler ou Robert Musil.

Vinte anos antes de Schorske, Max Horkheimer, teórico da escola de Frankfurt, ele próprio inspirado na psicanálise em sua crítica da instituição familiar, já percebera o quanto Freud tinha sido marcado não pelos hábitos da burguesia vienense, mas pela situação histórica concreta na qual elaborara sua obra: "Quanto mais importante uma obra, mais enraizada está em uma situação histórica concreta. Basta olhar de mais perto a relação entre a Viena liberal da época e o método original de Freud para perceber a que ponto este era um grande pensador. É justamente a decadência da vida familiar burguesa que permite à sua teoria alcançar esse novo estágio que aparece em *Para além do princípio do prazer*."[25]

Em suma, Viena não está tão distante de Tebas, e a capital do Império Austro-Húngaro não é estranha ao que acontece nas muralhas de Elsinor: de um lado se desdobra a atemporalidade inconsciente de Édipo, verdadeira inscrição no psiquismo de uma ordem simbólica, detentor da lei do pai; de outro perfila-se o eu — ego culpado de um sujeito copernicano — presa da ilusão do controle de suas paixões: Hamlet, o

---

[25] Max Horkheimer, *Théorie traditionnelle et théorie critique*, Paris, Gallimard, 1974, p.56-7. Ele escreve essas palavras numa carta de 1942 dirigida a Richard Löwenthal. Nessa época, Horkheimer aceitou a tese freudiana da pulsão de morte enunciada em Sigmund Freud, *Au-delà du principe de plaisir* (1920), in *Œuvres complètes*, vol.XV, Paris, PUF, 1996, p.273-9. [Ed. bras.: ESB, vol.23.]

irresoluto, o histérico, o soberano melancólico de uma travessia do feminino.

Nessa perspectiva de uma divisão da psique entre duas instâncias, pode-se reinterpretar, em termos freudianos, o *Édipo rei* de Sófocles e dele fazer, sem ter de recorrer à psicologia do complexo, uma autêntica tragédia da rebelião dos filhos contra os pais. Pode-se dizer, por exemplo, que ao atualizar a antiga lenda dos Labdácidas, Sófocles pôs em cena a revolta do racionalismo ateniense contra a onipotência arcaica da antiga patriarquia encarnada pelo oráculo de Delfos. Este detém o poder de enunciar a verdade, mas não o de dizer qual será o herói capaz de descobri-la. A única liberdade trágica de que Édipo dispõe é portanto ser capaz de tomar livremente a decisão de encontrar um culpado do crime a fim de dizer a verdade ao povo. Nessa interpretação, Édipo é um sujeito livre para decidir ou não trazer luz à cidade, a despeito do oráculo, a despeito de seu destino, a despeito de seu inconsciente.[26] Este Édipo é aquele que Freud reconstrói com a ajuda de Hamlet.

Para melhor afirmar o quão necessárias são, ao mesmo tempo, a revolta do filho e a invenção de uma nova lei do pai que não seja a restauração de uma antiga patriarquia, Freud acrescenta a Édipo e a Hamlet um terceiro personagem, de certa maneira coletivo: os irmãos Karamázov.[27] Neste romance de Dostoiévski, "o mais grandioso já escrito" segundo ele,[28] realiza-

---

26 É a interpretação dada por Jacques Le Rider em *Freud, de l'Acropole au Sinaï*, op.cit., p.200.
27 Fiódor Dostoiévski, *Os irmãos Karamázov*, (1879-80), Rio de Janeiro, Ediouro, 2002; Sigmund Freud "Dostoïeveski et la mise à mort du père", op.cit.
28 Sigmund Freud, "Dostoïeveski...", op.cit., p.207.

se não o assassinato do pai por um filho ignorante (Édipo) ou a condenação do tio pelo filho do pai assassinado (Hamlet), mas um verdadeiro parricídio, coletivamente realizado pelos filhos do pai. Cada um dos irmãos deseja matar o pai, mas um único dentre eles passa ao ato: Smerdiákov. Bastardo e epilético, apelidado o "fedorento", tem como mãe uma criada retardada de quem seu pai abusara. Do mesmo modo foi coagido ao assassinato por seu meio-irmão Ivan, cínico teórico niilista do "tudo é permitido", o que tramou o roteiro do crime para que seu irmão de sangue, Dmitri, libertino inveterado, fosse acusado em seu lugar.

No romance Ivan, porta-voz da lenda do "Grande Inquisidor", naufraga na loucura ao pensar ser moralmente responsável pelo assassinato cometido por Smerdiákov, que se suicida. Julgado culpado após um processo ridículo, Dmitri retorna progressivamente aos valores da "alma russa", graças a seu meio-irmão Aliocha, o místico de aparência feminina, filho da segunda mulher do pai, enlouquecida por este. Contra o direito, e mais ainda contra as perícias psicológicas absurdas de um tribunal que pretende dizer a verdade em nome da racionalidade moderna, "demonstrando" sobretudo que aquele que desejou o crime é forçosamente seu autor, o verdadeiro assassino, Smerdiákov, se torna ele também redentor, carregando em si, como Cristo sua cruz, a verdade de um ato que seus outros irmãos quiseram cometer sem sucesso.

O principal responsável por essa desordem familiar, como aponta Freud, é o pai, Fiódor Karamázov, descrito por Dostoiévski como um monstro estuprador e libertino, e sobretudo como instigador dessa genealogia da loucura criminosa que levará seus filhos à ruína.

Compreende-se por que Freud liga o destino dos irmãos Karamázov ao de Édipo e de Hamlet. Se Édipo é culpado de ter um inconsciente e se Hamlet é culpado de se sentir culpado, Smerdiákov e Ivan são culpados porque são, cada um à sua maneira, assassinos — o primeiro porque matou, o segundo porque levou o primeiro ao crime: "Nosso inconsciente pratica o assassinato por ninharias ..., diz Freud. Não conhece para os crimes nenhum outro castigo a não ser a morte."[29] Quanto a Dmitri, é culpado de seu desejo de matar, de seu ódio pelo pai, de quem é de fato rival, uma vez que dorme com Gruchneka, a amante de seu pai, feroz e angelical, criatura de Deus e do diabo. Mas o pior de todos, o mais criminoso, o mais lúbrico, permancerá sempre o pai, herdeiro imutável de uma devoração tribal.

Freud não partilha as opiniões conservadoras de Dostoiévski e lhe critica por atacar o "homem ético" em sua essência — não aquele que reconhece o erro e aceita a punição, mas aquele para quem a penitência torna o assassinato possível, até mesmo aceitável: "O resultado final das lutas morais de Dostoiévski nada tem de glorioso. Depois dos embates mais terríveis para conciliar as reivindicações pulsionais dos indivíduos com as exigências da comunidade humana, chega de maneira retrógrada à submissão à autoridade secular, assim como à autoridade espiritual, à veneração pelo czar e o Deus dos cristãos e a um nacionalismo russo rígido — posição à qual espíritos de menor envergadura chegaram com menos dificuldade. É este o ponto fraco dessa grande personalidade. Dostoiévski não quis se tornar um professor e libertador dos homens, associando-se a seus carcereiros. O futuro cultural dos homens terá pouco a lhe dever."[30]

De fato, ao associar Édipo e Hamlet aos irmãos Karamázov, Freud conclui sua trilogia da revolta dos filhos contra o

---

29 Sigmund Freud, "Actuelles sur la guerre et la mort" (1915), in *Œuvres complètes*, vol.XIII, Paris, PUF, 1988, p.37. [Ed. bras.: *ESB*, vol.14.]
30 Sigmund Freud, "Dostoïevski...", op.cit., p.208. Infelizmente, na sequência do artigo, Freud não consegue evitar atribuir essa posição a uma neurose do escritor consecutiva a um complexo de Édipo mal resolvido. Mais uma vez, cede a essa tendência interpretativa que, aliás, combate.

pai sem jamais realmente ter evocado a figura do pai. Laio também lhe era tão estanho quanto o espectro que incita Hamlet à vingança, e Fiódor Karamázov não lhe interessa senão na medida em que lhe permite ir na contracorrente de Dostoiévski. Para resumir a posição freudiana, diremos que na tragédia de *Édipo* o assassinato do pai é a ação de um desejo inconsciente, que no drama de Hamlet é um ato falho ligado a uma consciência culpada, e que no romance de Dostoiévski é a consequência ao mesmo tempo de uma premeditação e de uma pulsão. Em caso algum ele é justificável, e eis por que Freud recusará sempre a ideia de que um crime possa ser resgatado por uma redenção qualquer. Muito pelo contrário — e seja qual for a sua necessidade —, o crime deve ser punido.

Sabia-se portanto, agora, o que significava para Freud a rebelião dos filhos. Sabia-se quem matara o pai, do que o filho se sentia culpado, quem era o mandatário do crime e quem era o culpado do ato assassino. Mas restava um enigma a resolver nesse sombrio caso de família.

Quem é o pai? Por que é preciso condená-lo à morte? O que fazer de seus despojos? Esta foi a questão formulada por Freud entre 1912 e 1937, nas duas obras magnas que lhe foram inspiradas, uma pelos trabalhos da antropologia evolucionista do fim do século XIX, a outra por diversas pesquisas sobre a gênese da epopeia bíblica: *Totem e tabu* e *Moisés e o monoteísmo*.

Em uma época primitiva, conta Freud adotando o estilo de Darwin, os homens viveram no seio de pequenas hordas, todas submissas ao poder despótico de um macho que se apropriava das fêmeas. Certo dia, os filhos da tribo, numa rebelião contra o pai, puseram fim ao reinado da horda selvagem. Num ato de violência coletiva, mataram o pai e comeram seu cadáver. Entretanto, depois do assassinato, sentiram-se arrependidos, renegaram seu crime e inventaram uma nova ordem social ao instaurarem simultaneamente a exogamia, o interdito do incesto e o totemismo. Foi este o alicerce lendário comum a todas as religiões, e sobretudo do monoteísmo.

Nessa perspectiva, o complexo de Édipo, segundo Freud, não é senão a expressão dos dois desejos recalcados — desejo de incesto, desejo de matar o pai — contidos nos dois tabus próprios do totemismo:[31] interdito do incesto, interdito de matar o pai-totem. O complexo é portanto universal, uma vez que é a tradução psíquica dos dois grandes interditos fundadores da sociedade humana.

Mais além do complexo, Freud propõe, com *Totem e tabu*, uma teoria do poder centrada em três imperativos: necessidade de um ato fundador (o crime), necessidade da lei (a punição), necessidade da renúncia ao despotismo da tirania patriárquica encarnada pelo pai da horda selvagem.[32] A esses três imperativos correspondem, sempre segundo Freud, três estágios da história das sociedades e das religiões, três estágios também da evolução psíquica do sujeito. No período animista, o homem se atribui a onipotência e esta é então apenas um equivalente do narcisismo infantil. Na fase religiosa, delega seu poder aos deuses, como a seus pais no complexo de Édipo. Finalmente, na época científica ou espiritual, projeta-o sobre um *logos*, dissociando assim a razão de qualquer objeto fetiche.

---

31 A teoria do totemismo fascinou a primeira geração dos antropólogos assim como a histeria apaixonou os médicos da mesma época. Consistia em estabelecer uma conexão entre uma espécie natural (um animal) e um clã exógamo a fim de dar conta de uma unidade original dos diversos fatos etnográficos. Oriundo da Polinésia e introduzido pelo capitão Cook em 1777, o termo "tabu" ficaria conhecido mais tarde num duplo sentido: um, específico das culturas nas quais se originara; outro, exprimindo o interdito em sua generalidade. Cf. Claude Lévi-Strauss, *Le Totémisme aujourd'hui*, Paris, PUF, 1962. [Ed. port.: *O totemismo hoje*, Lisboa, Edições 70, 1986.]

32 Cf. Eugène Enriquez, *De la horde à l'État*, Paris, Gallimard, 1983. [Ed. bras.: *Da horda ao Estado*, Rio de Janeiro, Zahar, 1990.]

Em 1938 Freud estende esse esquema à gênese do monoteísmo judaico-cristão. Este, diz ele em substância, não é uma invenção judaica, mas egípcia, e o texto bíblico mais tarde não faz senão deslocar sua origem para um tempo mítico atribuindo sua fundação a Abraão e a seus descendentes. Na realidade, ele provém do faraó Amenotep IV, que fizera dele uma religião sob a forma de um culto do deus solar Aton. Para banir o culto anterior, assumira o nome de Aquenaton. Em seguida Moisés, alto dignitário egípcio, chefe de uma tribo semita, fizera do monoteísmo uma religião altamente espiritualizada, comparável à filosofia grega e capaz de rejeitar o animismo e os deuses do paganismo em prol de um deus único e invisível.

Para distingui-la claramente das outras, impusera aos seus o rito egípcio da circuncisão, buscando assim provar-lhes que Deus elegera, com essa aliança, o povo cujo chefe era Moisés. Mas o povo rejeitou a nova religião e, num ato de vingança coletiva, matou o profeta e depois recalcou a lembrança do assassinato que voltou com o cristianismo: "O antigo Deus, escreve Freud, o Deus-pai passou ao segundo plano. Cristo, seu filho, tomou seu lugar como gostaria de tê-lo feito numa época remota cada um dos filhos revoltados. Paulo, o seguidor do judaísmo, é também seu destruidor. Se foi bem-sucedido, foi certamente em primeiro lugar porque, graças à ideia de redenção, conseguiu conjurar o espectro da culpa humana, e depois porque abandonou a ideia de que o povo judeu era o povo eleito e renunciou ao sinal visível dessa eleição: a circuncisão. A nova religião pôde assim se tornar universal e se dirigir a todos os homens."[33]

Se a sociedade humana, em sua universalidade, fora engendrada por um crime dos filhos contra o pai, pondo fim ao

---

33 Sigmund Freud, *L'Homme Moïse...*, op.cit., p.180.

reinado despótico da horda selvagem, e depois pela instauração de uma lei através da qual a figura do pai se via revalorizada, o monoteísmo devia obedecer ao mesmo roteiro. Assim Freud explicava que, com o assassinato de Moisés, a religião do pai (o judaísmo) dera origem à do filho (o cristianismo), fundada no reconhecimento da culpa ligada a esse assassinato necessário. No cristianismo, o assassinato era expiado pela condenação à morte do filho e pelo abandono da circuncisão, que significava a perda do sinal distintivo da aliança pela qual o judaísmo se pretendia a religião do povo eleito. Com essa perda, o cristianismo tornara-se uma religião universal, mas culturalmente regressiva, e o judaísmo, uma religião "fóssil", mas elitista e portadora de um grau mais alto de espiritualização. O monoteísmo, segundo Freud, recapitulava a interminável história da instauração da lei do pai e do *logos* separador sobre a qual Freud construíra toda sua doutrina da família edipiana.

Ao passo que em *Totem e tabu* Freud permanece ligado, para descrever o assassinato originário, à teoria darwiniana dos estágios e da horda selvagem, em *Moisés* privilegia, ao contrário — sem o dizer claramente —, as duas figuras mais intelectuais de Édipo e de Hamlet. Se seguirmos atentamente o texto, podemos levantar a hipótese de que essa referência às duas grandes dinastias heroicas da cultura ocidental — uma, lembramos, proveniente do mito grego e outra do teatro elisabetano — o leva a mudar de posição sobre a realidade do crime. Pois em *Moisés* ele afirma, contrariamente ao que escrevera em *Totem e tabu*, que o estado original da sociedade não existe em lugar algum e que o crime não tem necessidade de ser realmente perpetrado: conta apenas o poder simbólico ligado a sua suposta origem. Interiorizado pela história coletiva, o estado original da sociedade o é também pela história, individual, do sujeito. E é assim que a tragédia edipiana repete a da horda, assim como a religião do filho (o cristianismo) recapitula a do pai (o judaísmo). Mas, para que essa repetição seja possível e que o crime seja punido pela confissão do desejo culpado — ou da culpa real —, é preciso também que a origem seja impossível de alcançar.

Freud trazia assim ao mundo ocidental uma teoria antropológica da família e da sociedade fundada em dois elementos importantes: a culpa, a lei moral. E podemos deduzir daí a ideia, se quiserem freudiana, segundo a qual as condições da liberdade subjetiva e o exercício do desejo supõem sempre um conflito entre o um e o múltiplo, entre a autoridade e a contestação da autoridade, entre o universal e a diferença, mas que nunca se confundem com o gozo pulsional ilimitado tal como o vemos em prática, por exemplo, no crime, na crueldade, ou na negação sistemática de todas as formas do *logos* separador ou da ordem simbólica.

A esse respeito, o assassinato do pai em suas variantes — regicídio, parricídio etc. — só é possível como condição necessária à família e à sociedade se for acompanhado de uma reconciliação dos filhos entre si e com a imagem do pai. É sustentando essa tese que Freud recusa a ideia segundo a qual a redenção — no sentido de Dostoiévski — possa autorizar o crime. E é por causa dela que se mostra favorável ao mesmo tempo ao regicídio e à abolição da pena de morte,[34] ao adven-

---

[34] Freud admirava ao mesmo tempo Cromwell e a monarquia inglesa. Foi pela boca de seu discípulo vienense Theodor Reik que ele se colocou no campo dos abolicionistas: "Se a humanidade, declarava este último em 1926, continua a negar à pena de morte seu caráter de assassinato punido pela lei, é porque sempre se recusou até aqui a olhar a realidade de frente, a reconhecer a existência da vida afetiva inconsciente. Minha posição em relação à pena capital não é portanto ditada por razões humanitárias, mas pelo reconhecimento da necessidade psicológica do interdito universal: não matarás ... . Afirmo ser um adversário resoluto do assassinato, apresente-se este sob a forma de um crime individual ou de represálias exercidas pelo Estado." (Theodor Reik, *Le Besoin d'avouer*, Paris, Payot, 1997, p.401.)

to das sociedades de direito e à necessidade do assassinato fundador.

Para além do complexo e de suas derivações psicológicas contemporâneas, os heróis imaginados por Sófocles, Shakespeare ou Dostoiévski, depois transferidos por Freud para o psiquismo individual, esclarecem um dos aspectos mais sutis da invenção psicanalítica: a correlação que ela estabelece, no final do século XIX, entre o sentimento do declínio da função paterna e a vontade de inscrever a família no cerne de uma nova ordem simbólica, encarnada não mais por um pai despojado de sua potência divina, depois reinvestido no ideal econômico e privado do *pater familias*, mas por um filho que se tornou pai porque teria recebido como herança a grande figura destruída de um patriarca mutilado.

Nessa configuração trágica da psique, que aparece na aurora do século XX, que lugar convém atribuir a esse patriarca mutilado, confrontado ao surgimento de uma sexualidade em vias de se emancipar da procriação? Está em condições de sobreviver a esse longo caminho de sofrimento, ele que é, dia após dia, tomado de vertigem diante da suspensão progressiva dos próprios princípios sobre os quais se fundava sua autoridade?

5
O patriarca mutilado

Ao longo de todo o século XX, a invenção freudiana do complexo de Édipo foi interpretada de três maneiras distintas: pelos libertários e pelas feministas, como uma tentativa de salvação da família patriarcal; pelos conservadores, como um projeto de destruição pansexualista[1] da família e do Estado, na medida em que este se encontrava em vias de substituir, por toda a Europa, a antiga autoridade monárquica; pelos psicanalistas, enfim, como um modelo psicológico capaz de restaurar uma ordem familiar normalizante na qual as figuras do pai e da mãe seriam determinadas pelo primado da diferença sexual. Segundo esta última abordagem, cada filho era chamado a se tornar o rival de seu pai, cada filha a concorrente de sua mãe, e toda criança o produto de uma cena primitiva, lembrança fantasística de um coito irrepresentável.

Se pontos de vista tão contraditórios puderam se afirmar com tanto vigor a ponto de permanecerem atuais na aurora do terceiro milênio, foi porque a invenção freudiana — pelo menos podemos levantar a hipótese — esteve na origem de uma nova concepção da família ocidental capaz de lidar, à luz

---

1 Durante a primeira metade do século XX, utilizou-se o termo "pansexualismo" para designar de maneira pejorativa a psicanálise, criticada por reduzir o homem a sua genitalidade.

dos grandes mitos, não apenas com o declínio da soberania do pai, mas também com o princípio de uma emancipação da subjetividade.

Ela foi de certa maneira o paradigma do advento da família afetiva contemporânea, uma vez que contemplava, ao fazer desta uma estrutura psíquica universal, um modo de relação conjugal entre os homens e as mulheres que não repousava mais em uma coerção ligada à vontade dos pais, mas em uma escolha livremente consentida entre os filhos e as filhas. O romance familiar freudiano supunha com efeito que o amor e o desejo, o sexo e a paixão estivessem inscritos no cerne da instituição do casamento.

Tendo captado muito bem a significação da invenção freudiana, os historiadores da família se mostraram frequentemente mais inovadores que os psicanalistas em seu deciframento da evolução das estruturas familiares modernas. Assim, em um trabalho publicado em 1975, Edward Shorter se serve da conceitualidade freudiana para analisar a revolução sentimental que se consolidou na Europa durante todo o século XIX.

Consecutiva à Revolução Francesa e oriunda da própria sociedade civil, esta põe fim, progressivamente, ao antigo sistema dos casamentos arranjados, em benefício da aventura amorosa ou do amor romântico.[2] Como consequência, explica Shorter, subvertia as relações matrimoniais, tornando inaceitáveis os casamentos pré-púberes ou o acasalamento de homens e mulheres de gerações diferentes: "Era a tendência crescente à igualdade da idade que é sinal do surgimento do amor, ao passo que a disparidade provava a existência de considerações utilitárias ... . A revolução sentimental da Europa ocidental tornou inaceitável o acasalamento de um ho-

---

2 Ou *romantic love*.

mem jovem com uma mulher mais idosa porque o próprio mecanismo do amor romântico é de natureza edipiana: o problema é muito simplesmente apaixonar-se pela própria mãe. Como você teria tido tempo de conhecer e apreciar a mulher real que se encontra à sua frente? Você só a conhece há três minutos! ... A atração inconsciente exercida pela imagem materna produz sua rejeição consciente. Assim, quando os homens realmente se apaixonaram, ficaram cheios de ódio pelas esposas que lhes evocavam suas mães, de alguma maneira. Deixaram portanto de se casar com mulheres mais velhas do que eles."[3]

A concepção freudiana da família, como paradigma do advento da família afetiva, apoia-se em uma organização das leis da aliança e da filiação que, embora instituindo o princípio do interdito do incesto e da perturbação das gerações, leva todo homem a descobrir que tem um inconsciente e portanto que é diferente do que acreditava ser, o que o obriga a se desvincular de toda forma de enraizamento. Nem o sangue, nem a raça, nem a hereditariedade podem doravante impedi-lo de alcançar a singularidade de seu destino. Culpado de desejar sua mãe e de querer assassinar seu pai, ele se define, para além e aquém do complexo, como o ator de um descentramento da subjetividade. Naturalmente, esse sujeito é suscetível de servir de cobaia tanto às abordagens experimentais da psicologia como às derivações normativas da psicanálise. Pois, na medida em que Freud vincula a psicanálise às figuras tutelares de uma soberania melancólica ou desconstruída —

---

3 Edward Shorter, *Naissance de la famille moderne* (Nova York, 1975; Paris, 1977), Paris, Seuil, col. Points, 1981, p.192 e 194-5. Assim, o casamento de Jocasta e Édipo correspondia de fato a uma lógica do presente e do arranjo, e não a um desejo, como pensa Freud quando transforma o mito em um complexo. Como consequência, a idade da rainha não importava em nada — nem para Sófocles nem para os atenienses.

Édipo, Hamlet, Moisés etc. —, faz dela a expressão de uma busca da identidade moderna; a partir disso, sua concepção de um sujeito culpado de seu desejo extrapola o quadro redutor da clínica e do complexo. E, se a psicanálise se desvincula dessas figuras para encerrá-las no complexo, arrisca-se a se transformar num procedimento de perícia que merece a hostilidade a ela reservada.

Sozinho entre os psicólogos de sua época, Freud cria então uma estrutura psíquica do parentesco que inscreve o desejo sexual — isto é, a *libido* ou *eros*[4] — no cerne da dupla lei da aliança e da filiação. Priva assim a vida orgânica de seu monopólio sobre a atividade psíquica, e diferencia o desejo sexual, expresso pela fala, das práticas carnais da sexualidade de que se ocupam os sexólogos.

Embora conferindo ao desejo um novo status, faz da família uma necessidade da civilização que repousa, de um lado, na "obrigação do trabalho" e, de outro, na potência do amor — "este último exigindo que não fossem privados nem o homem da mulher, seu objeto sexual, nem a mulher dessa parte separada de si mesma que era o filho. Eros e Ananké [necessidade] tornaram-se assim os pais da civilização humana, cujo primeiro sucesso foi possibilitar que um grande número de seres pudessem viver e permanecer juntos."[5]

A família não apenas é assim definida como sendo o filtro de uma força essencial à civilização, como, de acordo com a tese do assassinato do pai e da reconciliação dos filhos com a figura dele, é julgada necessária a toda forma de rebelião

---

4 A palavra *libido*, que significa desejo em latim, era utilizada pelos sexólogos do final do século XIX para designar uma energia própria do instinto sexual (*libido sexualis*). Freud a retoma para designar a manifestação da pulsão sexual, e por extensão, a sexualidade humana em geral, distinta da genitalidade (orgânica). Em Freud, *eros* designa o amor no sentido grego e a pulsão da vida.
5 Sigmund Freud, *Malaise dans la civilisation*, op.cit., p.51.

subjetiva: dos filhos contra os pais, dos cidadãos contra o Estado, dos indivíduos contra a massificação. Com efeito, ao obrigar o sujeito a se submeter à lei de um *logos* separador interiorizado, e portanto desvinculado da tirania patriárquica, a família o autoriza a entrar em conflito com ela mesma, ao passo que sua abolição significaria o risco de paralisar as forças de resistência que ela suscita nesse sujeito.[6] Encontramos neste princípio a ideia segundo a qual Édipo deve se tornar ao mesmo tempo o restaurador da autoridade, o tirano culpado e o filho rebelde. Essas três figuras são indispensáveis à ordem familiar.

Quanto à sexualidade, intolerável para a civilização devido a seus excessos, deve ser, segundo Freud, canalizada sem ser reprimida, uma vez que só pode exercer sua influência de duas maneiras contraditórias: de um lado, como poder destruidor; de outro, como forma sublimada do desejo.

Nem restauração da tirania patriárquica, nem inversão do patriarcado em matriarcado, nem exclusão do eros, nem abolição da família: esta foi, segundo a leitura interpretativa que podemos fazer de seus textos, a orientação escolhida por Freud para que o mundo admitisse a universalidade de uma estrutura dita "edipiana" do parentesco. Não apenas esta pretende dar conta da natureza inconsciente das relações de ódio e de amor entre os homens e as mulheres, entre as mães e os pais, entre os filhos e os pais, e entre os filhos e as filhas, como recentrar a antiga ordem patriarcal, já derrotada, em torno da questão do desejo. Só a aceitação pelo sujeito da realidade de

---

6 Consciente da importância da mensagem freudiana, que aliás critica, Theodor Adorno escreve em 1944: "A morte da família paralisa as forças de resistência por ela suscitadas. A ordem coletivista a cuja escalada assistimos não passa de uma caricatura da sociedade sem classes." (*Minima moralia. Réflexions sur la vie mutilée* [Frankfurt, 1951], Paris, Payot, 2001, p.19.) [Ed. bras.: *Minima moralia*, São Paulo, Ática, 1993.]

seu desejo permite ao mesmo tempo incluir o eros na norma, a título de um desejo culpado — e portanto trágico —, e de excluí-lo para fora da norma, caso em que se tornaria a expressão de um gozo criminoso ou mortífero.[7]

Compreende-se então por que Freud foi atacado tanto pelos partidários da abolição da família como pelos conservadores, que o recriminavam por atentar contra a moral civilizada e por reduzir o homem a suas pulsões genitais. Os primeiros viam a nova lei do *logos* interiorizado como a recondução de uma ordem patriarcal tanto mais autoritária quanto mais se dissimulava em uma consciência culpada, ao passo que os segundos deduziam daí o princípio de uma subversão de toda forma de autoridade em prol de uma sexualização selvagem do corpo social. Na realidade, Freud estava bem distante dessas duas posições, e só mantinha a lei do pai para nela introduzir a ideia de que era a própria condição do amor (eros).

Michel Foucault foi um dos raros filósofos a resumir em poucas linhas a fulgurância desse gesto. Ao romper com as teorias da hereditariedade-degenerescência,[8] Freud, diz ele, convocou em torno da questão do desejo a antiga ordem do poder: "Constitui uma honra política para a psicanálise, escreve ele — ou pelo menos do que existiu de mais coerente nela — ter suspeitado (e isto desde seu nascimento, isto é, desde sua linha de ruptura com a neuropsiquiatria da degenerescência) daquilo que podia haver de irreparavelmente proli-

---

7 A posição de Freud é portanto radicalmente contrária à de Sade.

8 Oriunda do darwinismo social, a doutrina da hereditariedade-degenerescência foi uma referência importante para todos os saberes do final do século XIX (psiquiatria, antropologia, psicologia, criminologia, sociologia política). Pretendia submeter a análise dos fenômenos patológicos ao exame dos estigmas reveladores das "taras" e dos "desvios" inscritos no corpo social, no corpo orgânico ou no psiquismo humano, o conjunto tendo como consequência fazer a civilização naufragar na decadência.

ferador nesses mecanismos de poder que pretendiam controlar e gerar o cotidiano da sexualidade. Daí o esforço freudiano (por reação provavelmente à grande escalada do racismo que lhe era contemporânea) para conferir à psicanálise como princípio a lei — a lei da aliança, da consanguinidade proibida, do pai soberano, em suma para convocar em torno do desejo toda a antiga ordem do poder. A isso a psicanálise esteve — com poucas exceções e no que tange ao essencial — em oposição teórica e prática em relação ao fascismo."[9]

Esse gesto de transferência efetuado por Freud ia no sentido de um movimento profundo da sociedade que tendia a emancipar o sexo das coerções corporais e penais que lhe haviam sido impostas nos séculos precedentes a fim de fazer do indivíduo livre o depositário de suas próprias punições interiorizadas. Substituía-se uma sexualidade socialmente reprimida por uma sexualidade admitida, mas sempre mais culpada e recalcada.[10]

Apoiada desde seu nascimento em tal concepção da sexualidade, a psicanálise foi portanto ao mesmo tempo o sintoma de um mal-estar da sociedade burguesa, presa das variações da figura do pai, e o remédio para esse mal-estar. Contribuiu para a eclosão, no seio da família afetiva, de novos modos de parentalidade — família dita "recomposta" ou "monoparental" —, ao mesmo tempo se tornando o fermento de um duplo movimento social que vinculava a emancipação das mulheres e dos filhos — e mais tarde dos homossexuais — à rebelião dos filhos contra os pais. Eis por que foi impulsionada pela industrialização, pelo enfraquecimento das crenças religiosas e por uma diminuição cada vez mais intensa dos grandes poderes autocráticos, teocráticos, monár-

---

9 Michel Foucault, *La Volonté de savoir*, op.cit., p.198.
10 Sabemos que Freud dá o nome de "supereu" a essa interiorização dos interditos.

quicos: "A psicanálise, escreve Freud, nos fez conhecer a relação íntima entre o complexo paterno e a crença em Deus, nos mostrou que o Deus pessoal, psicologicamente, não passa de um pai levado às nuvens, e nos apresenta cotidianamente o espetáculo de jovens que perdem a fé a partir do momento em que sobre eles desaba a autoridade do pai. É portanto no complexo parental que reconhecemos a raiz da necessidade religiosa."[11]

Terá o século XIX, como os dois precedentes, contribuído para uma erotização progressiva das práticas sexuais ou, ao contrário, favorecido sua repressão? Essa questão ainda divide os historiadores.[12] No entanto, como acabo de assinalar, a ideia de exibição não exclui a de repressão, e se Freud pôde transferir para uma nova ordem simbólica a antiga soberania patriárquica foi certamente porque permanecia ligado à tradição da família dita "autoritária".[13] Mas via nela também a fonte de rebeliões futuras. E não se enganava, uma vez que ela ia se tornar, no século XX, o pivô de uma partilha incessante entre a autoridade e a liberdade, entre a vinculação e a autonomização, entre a repressão dos instintos e o advento do desejo, entre o grupo e o indivíduo, entre a submissão e o conflito.

Todos esses agenciamentos mostram que a erotização da sexualidade foi de par com uma interiorização no psiquismo dos interditos fundamentais próprios das sociedades humanas. E se a psicanálise repousa na ideia de que o desejo é ao mesmo tempo culpado e necessário ao homem e que a subli-

---

11 Sigmund Freud, *Un souvenir d'enfance de Léonard de Vinci* (1910), Paris, Gallimard, 1987, p.156. [Ed. bras.: ESB, vol.11.]
12 Cf. Jean-Louis Flandrin, *Le Sexe et l'Occident*, op.cit., p.279-80.
13 Proveniente das sociedades germânicas.

mação do instinto é a condição da civilização, isso significa que não favorece nem a repressão da libido, nem a crença em seu caráter benéfico. Ao formular esse princípio, Freud estava à frente de seu tempo, mas atrasado em relação à sua própria inovação. Pois acreditava que a civilização nunca conseguiria desfazer, sem preconceito, os vínculos entre o desejo sexual e a procriação: "A civilização de hoje, escreve em 1930, dá claramente a entender que admite as relações sexuais sob a única condição de que tenham por base a união indissolúvel, e contratada definitivamente, de um homem e de uma mulher; que não tolera a sexualidade enquanto fonte autônoma de prazer e que só está disposta a admiti-la a título de agente de multiplicação, o que nada até aqui foi capaz de substituir."[14]

Assim, Freud desconhece a força de ruptura a que deu início, recusando-se a enxergar o quanto ela já contribui para a separação do desejo e da procriação, sem porém colocar em perigo a civilização. Pois, a seus olhos, o verdadeiro perigo para a cultura não reside nessa dissociação, mas no poder infinito da crueldade humana sustentada pela ciência e pela tecnologia.

Em 1976, Michel Foucault toma o partido da erotização contra o da repressão: "Por muito tempo teríamos suportado, e sofreríamos ainda, um regime vitoriano. A imperial carola figuraria no brasão de nossa sexualidade, contida, muda, hipócrita ... . Adiantemos a hipótese geral do trabalho. A sociedade que se desenvolve no século XVIII — quer se chame burguesa, capitalista ou industrial — não opôs ao sexo uma recusa fundamental de reconhecê-lo. Ao contrário, pôs em

---

14 Sigmund Freud, *Malaise dans la civilisation*, op.cit., p.57. Sobre a questão da ruptura entre desejo sexual e procriação, remetemos ao capítulo 7 do presente volume: "O poder das mães".

prática todo um aparelho para produzir discursos verdadeiros sobre ele."[15]

De fato, se observarmos a evolução das sociedades ocidentais do final do século XIX até meados do XX, perceberemos que, contrariamente ao que afirma Foucault, esses dois movimentos — repressão e exibição da sexualidade — jamais são excludentes entre si. Como consequência, o modelo edipiano, que os considera sem os opor, é de fato a tradução de uma organização nova da família, originária da própria sociedade civil, que repousa em três fenômenos marcantes: a revolução da afetividade, que exige cada vez mais que o casamento burguês seja associado ao sentimento amoroso e ao desabrochar da sexualidade feminina e masculina; o lugar preponderante concedido ao filho, que tem como efeito "maternalizar" a célula familiar; a prática sistemática de uma contracepção espontânea, que dissocia o desejo sexual da procriação, dando assim origem a uma organização mais individual da família.

No final do século XIX, na maior parte dos países ocidentais,[16] o casamento tardio — entre vinte e vinte e cinco anos — já havia substituído o casamento arranjado.[17] Toda a terminologia da medicina mental, da psicologia e da sexologia nasceu desse vasto movimento que escorou a marcha da sociedade rumo à igualdade democrática.

A valorização do casamento por amor se traduziu na elaboração de uma moral civilizada, bem mais acentuada nos países puritanos e protestantes do que nos países católicos.[18]

---

15 Michel Foucault, *La Volonté de savoir*, op.cit., p.9 e 92.
16 Na Europa do Norte, do Centro e do Oeste, mas também na Nova Inglaterra.
17 Ou "pré-pubertário".
18 Ao obedecer ao princípio do *holy matrimony*, essa moral exaltava o vínculo conjugal. Alexis de Tocqueville apontava já em 1840 que os europeus e os americanos não tinham a mesma concepção de pecado em matéria de relações sexuais: "Nos americanos, a pureza dos costumes no casamento e o respeito da

Fundada na monopolização do afeto pela instituição matrimonial, essa moral exigia que o amor e a paixão, outrora reservados aos amantes, fossem doravante assumidos pelos esposos.[19] Ela serve então para condenar radicalmente todas as práticas ditas de "fornicação" — masturbação, sodomia, felação etc. —, assim como todas as relações carnais exteriores à conjugalidade. Assustados pelo poder da energia sexual — cujos danos descobrimos nos corpos convulsionados das mulheres histéricas —, os paladinos da ética protestante encetaram, por volta de 1900, uma cruzada contra sua possível "perdição". Para ser útil à família industriosa, a libido devia ser canalizada, dessexualizada, moderada, ou ainda orientada para atividades ditas "rentáveis", como a instrução ou a economia. Quando esta escapasse à injunção da codificação, pensava-se, ameaçaria a sociedade com uma abolição da diferença entre os sexos. As mulheres se transformariam em homens, os homens em mulheres, e a mãe-pátria em um lupanar de invertidos e bissexuais.

Para evitar o apocalipse, era preciso então que a libido fosse controlada no seio mesmo da conjugalidade burguesa. Assim, à interdição do prazer *fora do casamento* que resultava

---

fidelidade conjugal são igualmente impostos ao homem e à mulher, e o sedutor é tão desonrado quanto sua vítima." (*De la démocratie en Amérique* [1935], Paris, Robert Laffont, col. Bouquins, 1986, p.574.) [Ed. bras.: *A democracia na América*, São Paulo, Companhia das Letras, 2 vols., 2001-2.]

19 Edward Shorter chama essa revolução de *romantic love* (in *O nascimento da família moderna*). Já Alain Corbin assinala que ela se manifesta também sob uma forma invertida, sobretudo na França, no fenômeno burguês do adultério, que nada mais é que a construção de uma segunda família em relação à primeira (a famosa "família dupla" de Balzac). Enquanto os maridos instalam suas amantes em "mobiliados", suas esposas se erotizam junto a seus amantes. Do mesmo modo, grande número de prostitutas dos bairros nobres passa a imitar as mulheres respeitáveis. Cf. "La fascination de l'adultère", in *Amour et sexualité en Occident*, volume coletivo, introdução de Georges Duby, Paris, Seuil, col. Points, 1991, p.133-9.

na abstinência obrigatória correspondia simetricamente a vontade de lutar, *dentro do casamento*, contra a frigidez das mulheres e a impotência dos homens. Um bom casamento civilizado supunha a obrigação de uma sexualidade normalizada, centrada tanto no coito como no orgasmo e na procriação. Porém, em contrapartida, fora dos laços do casamento, nenhuma sexualidade normal tinha o direito de se exprimir.[20]

Esse programa vitoriano só podia provocar um desastre. Assim, foi contestado na Europa e nos Estados Unidos pelos representantes dos diferentes movimentos de liberação: feministas, libertários, reformistas, liberais, teóricos da revolução sexual e do "amor livre", escritores, sexólogos, médicos. O mais célebre dentre eles, Henry Havelock Ellis, não hesitou em destratá-lo exaltando as virtudes de eros e celebrando a utopia a advir de um ideal de tolerância e de felicidade. Quanto a Freud, ele próprio vítima disso, uma vez que teve de se abster de qualquer relação carnal com sua futura esposa durante os cinco anos de noivado, imputava-lhe "o crescimento das doenças nervosas na sociedade moderna" e lhe opunha sua própria concepção ética de uma libido bem moderada.[21]

O florescimento dessa moral civilizada foi de par com uma mutação das práticas de contracepção. Até o final do

---

20 Esse programa que pregava a abstinência sexual dos homens e das mulheres antes do casamento e que condenava qualquer forma de adultério foi atualizado em 2002 por George W. Bush, presidente dos Estados Unidos, membro do partido republicano.

21 Sigmund Freud, "La morale sexuelle civilisée et la maladie nerveuse des temps modernes" (1908), in *La Vie sexuelle*, Paris, PUF, 1970 [Ed. bras.: *ESB*, vol.9]. Henry Havelock Ellis (1859-1939), médico, escritor, sexólogo inglês. Ele próprio homossexual, revoltou-se contra os códigos morais da Inglaterra vitoriana e publicou suas obras nos Estados Unidos, onde sua influência foi importante. Foi amigo de Freud, a despeito de numerosas discordâncias teóricas.

século XVIII, as flutuações demográficas europeias conheceram pouca mudança e a natalidade permaneceu relativamente estável com relação às taxas de mortalidade adulta e infantil. Se por um lado as mulheres de todas as camadas sociais recorreram a diferentes técnicas contraceptivas, mais ou menos eficazes, e se o aborto era frequente, por outro lado o infanticídio e o abandono permaneciam, há séculos, os dois meios mais correntemente utilizados para o controle da fecundidade. Decerto a perda de um rebento, e sobretudo de um filho, era uma fonte de sofrimento para o pai e para a mãe. Mas o amor parental coexistia muito bem com essas práticas. Pois o filho então era visto, acima de tudo, como a *coisa* dos pais, como um objeto inteiramente submisso à vontade deles.[22] Por isso era preciso condená-lo à morte, como o foi Édipo ao nascer, quando ameaçava pôr a família em perigo. Embora tenha reprovado tais atitudes, a Igreja não contribui em nada para impedi-las.[23]

A partir da Revolução, sobretudo na França, depois na Europa durante todo o século XIX, assistiu-se a uma significativa redução da natalidade, que só se explica por uma profunda mutação na vida das famílias. Embora o amor estivesse integrado no coração da instituição matrimonial, e a esposa tivesse direito a uma sexualidade se não exuberante, pelo menos reconhecida, isso significava, de um lado, que o homem devia controlar seus atos sexuais, fosse pela abstinência, fosse pelo *coitus interruptus*, fosse por relações prolongadas sem ejaculação; e, de outro lado, que o filho deixava de ser uma coisa para se tornar, ele também, um sujeito integral.[24]

---

22 Sobre a origem do instinto materno, cf. Élisabeth Badinter, *L'Amour en plus*, Paris, Flammarion, 1980.
23 Philippe Ariès, "La contraception autrefois", in *Amour et sexualité en Occident*, op.cit., p.115-30.
24 Observemos que Freud, depois de praticar a abstinência forçada durante

Como consequência, desenvolveu-se uma nova atitude com respeito ao rebento e ao bebê.

Tanto assim que, ao longo de todo o século XIX, os preceitos enunciados por Rousseau e pela filosofia das Luzes encontraram eco em todas as camadas da população. As mães foram estimuladas a amamentar seus filhos e a não confiar mais nas amas de leite; da mesma forma, renunciou-se progressivamente ao costume do enfaixamento, que encerrava o bebê em seus excrementos e lhe impedia qualquer liberdade de movimento.

A prática dessas formas masculinas de contracepção teve como corolário uma baixa da natalidade e uma criminalização do infanticídio.[25] Revestido de um novo poder genealógico, o filho passou a ser visto, no seio da família burguesa, como um investimento na transmissão do patrimônio e como um ser desejado, e não mais um "acidente de percurso". Daí, em contrapartida, o crescente interesse demonstrado pelos médicos e sexólogos do final do século XIX pela sexualidade infantil, pela "criança masturbadora":[26] "A criança surgiu para ser amada e educada, escreve Jean-Louis Flandrin, e é na consciência desses deveres de amor e de educação, é em torno da criança que a família moderna se constituiu como célula de base de nossa sociedade. Essa mutação, fundamental em si, explica também a revolução demográfica do século XIX: foi porque a família se alicerçou em torno da criança, porque o casal se sentiu, em cada um de seus atos,

---

seu noivado prolongado, a ela recorreu voluntariamente na idade de quarenta anos como recurso contraceptivo, depois do nascimento de seu sexto e último filho.

25 O infanticídio, como meio contraceptivo, foi substituído pelo abandono no século XVIII, antes de ser visto como uma patologia assassina pela psiquiatria.

26 Segundo as palavras de Foucault em *La volonté de savoir*, op.cit.

responsável pelo futuro da criança, que 'veio' a planejar os nascimentos."[27]

Essa transformação da sexualidade e do olhar dirigido à mulher e à criança no seio da família deu lugar a um agenciamento inédito das relações de aliança. Em lugar de ser reduzida a seu papel de esposa ou de mãe, a mulher foi se individualizando à medida que o acesso ao prazer era dissociado da procriação. Quanto à criança, projetou-se em uma identidade diferente da de seus pais. Com isso, a dominação paterna só pôde ser exercida numa partilha consentida que respeitava o lugar de cada um dos parceiros ligados pela instituição matrimonial. Freud teorizou essa passagem do filho-objeto para o filho-sujeito mostrando que este permanece sempre, para seus pais, um prolongamento deles mesmos. Como consequência, a morte do filho antes da dos pais se assemelha, segundo ele, a uma monstruosa ferida narcísica.[28]

A ordem simbólica que resultava da progressiva separação do sexo e da procriação serviu, paradoxalmente, para perenizar as antigas convicções sobre a diferença sexual segundo as quais os anos de "mimo" prolongam a fusão com a mãe, ao passo que a educação se assemelha a um adestramento paterno, único capaz de arrancar a criança dos excessos da condescendência materna. Mas, ao mesmo tempo, repousou cada vez menos na ideia de que tais convicções estivessem inscritas na própria natureza da diferença sexual, como afirmaram os filósofos iluministas.[29]

---

27 Jean-Louis Flandrin, *Le Sexe et L'Occident*, op.cit., p.144. Flandrin comenta aqui o trabalho de Philippe Ariès *L'Enfant et la vie familiale sous l'Ancien Régime* (1960), Paris, Seuil, 1973.
28 Sigmund Freud e Ludwig Binswanger, *Correspondance 1908-1938*, Paris, Calmann-Lévy, 1995, p.225. Freud experimentará esse sentimento depois da morte de sua filha Sofia em 1920, que será seguida da perda de seu neto.
29 Essa questão será tratada no capítulo 6: "As mulheres têm um sexo".

Com isso, essa nova ordem simbólica, encarnada pelo patriarca mutilado, de quem Freud pretendera ser o porta-voz ao fazer a emancipação sexual dos filhos e das mulheres derivar do assassinato do pai, foi logo erigida num princípio civilizador e laico. Eis por que, cada vez mais preocupados em escapar às contingências evolucionistas, seus teóricos buscaram seu rastro nas descrições da antropologia do primeiro quarto do século XX, que privilegiavam o estudo racional e comparativo do parentesco em detrimento de qualquer moral familiarista. Consequentemente, essa nova ordem simbólica foi ao mesmo tempo menos coercitiva que o poder patriarcal do qual derivava e mais rigorosa em sua vontade de impor sua legitimidade à sociedade. Serviu assim tanto para prolongar como para abalar os velhos costumes.

Até 1970, essa nova ordem foi o receptáculo de uma evolução da sociedade que homologou o declínio da função paterna em favor de uma autoridade parental dividida. Mas ao atribuir a esta uma hegemonia outrora reservada exclusivamente à vontade do pai, pôs fim ao poder patriárquico do qual resultara.

As grandes etapas desse enfraquecimento, sobretudo no que diz respeito à França, são conhecidas. Em 1935, o direito de correção paterna foi abolido, como já dissemos. Três anos mais tarde, o pai perdeu seu poder marital mesmo conservando os plenos poderes sobre os filhos, assim como o direito de autorizar ou não sua esposa a exercer uma profissão. Tornou-se então um "chefe de família", que o Estado republicano privou, ao longo dos anos, de suas prerrogativas.

Com a ajuda da psicanálise, da psiquiatria, da pedagogia e da psicologia, a família tornou-se então objeto de uma política de controle, centrada na prevenção das anomalias sociais e psíquicas: psicoses, obstáculos, delinquência, desvios sexuais etc. Logo se começou a popularizar a noção de "carência paterna", isto é, da ausência do pai nas situações de divórcio, em que a criança era confiada à mãe. Teorizou-se enfim a noção de "renúncia da figura paterna" para dar conta das situações nas quais o pai era julgado inapto a assegurar uma presença real junto aos seus em função de um trabalho que o afastava do lar conjugal.³⁰

Nos anos 1950 foram lançadas as primeiras campanhas de regulamentação dos nascimentos. Com o aumento da longevidade, a noção de adolescência se impôs como etapa intermediária entre a infância e a idade adulta. Mais tarde, as diferentes "idades" da vida não cessarão de se desdobrar, diferenciar, diversificar.³¹

Em 1955, no momento em que Lacan retomava por sua conta, modernizando-a, a teoria medieval da nomeação³² para afirmar que o nome-do-pai designava o próprio significante da noção paterna, como inscrição no inconsciente da ordem simbólica, as primeiras análises serológicas permitiram fornecer a prova da "não paternidade". Decerto elas liberavam o pai de ter de alimentar um filho que não era seu, mas mostravam também, pela primeira vez na história da humanidade, que uma separação radical era possível entre a nomeação e a geração. A ciência substituía assim o grande prestígio da palavra para demonstrar que o pai não era mais desconhecido, o que será confirmado no final do século XX pelos testes genéticos. O caminho estava a partir daí aberto para que a antiga identidade do pai fosse cindida em dois pólos: produ-

---

30 A expressão "carência materna" era utilizada apenas para as crianças abandonadas e atingidas por hospitalismo. Cf. Jenny Aubry, *Enfance abandonnée* (1953), Paris, Scarabée-Métailie, 1983.
31 Cf. Philippe Ariès, *L'Enfant et la vie familiale...*, op.cit.
32 Sobre a gênese desse conceito, cf. Elisabeth Roudinesco, *Jacques Lacan. Esquisse d'une vie, histoire d'un système de pensée*, Paris, Fayard, 1993. [Ed. bras.: *Jacques Lacan. Esboço de uma vida, história de um sistema de pensamento*, São Paulo, Companhia das Letras, 1994.]

tor de sêmen de um lado, inspirador de uma função nomeadora de outro.[33]

Ferido em sua carne e em sua alma, o patriarca mutilado dessa nova ordem simbólica terá exclusivamente o dom de seu patrimônio para impor como uma maneira de afirmar seu direito a um tipo de nomeação "adotiva". Porém, inversamente, não poderá mais se furtar à busca das provas de sua função de genitor, no caso de não querer reconhecer um filho que é seu.

Em 1970, com a supressão da expressão "chefe de família", a própria noção de poder paterno é definitivamente eliminada da lei. Doravante o pai divide com a mãe o poder sobre o filho, e suas antigas prerrogativas, já fortemente abaladas nas décadas recentes, ficam praticamente reduzidas a nada. A família torna-se então "coparental", e fala-se daí em diante em "coparentalidade".[34] Enfim, cinco anos mais tarde, com a legalização do aborto já aceita em numerosos países da Europa, as mulheres tiram da dominação masculina o controle total da procriação. Realizam esse gesto antes mesmo de ter conquistado a igualdade dos direitos sociais e políticos.[35]

Como já assinalei, foi esta nova organização da família que as ciências sociais nascentes — antropologia e sociologia

---

33 Essa questão será tratada no capítulo 7 do presente volume: "O poder das mães".

34 Lei francesa de 4 de junho de 1970. "A experiência mostra, afirma René Pleven, ministro da Justiça, que é preciso proteger as mães naturais de seus companheiros efêmeros que não se lembram de sua paternidade e dos direitos que os textos antigos lhes concediam para ameaçar as mães de lhes retirar o filho a que são apegadas." (Blandine Grosjean, "La délicate parité parentale", *Libération*, 26 mar 2002). A propósito do surgimento dos termos "monoparentalidade" e "homoparentalidade" remetemos ao capítulo 8 do presente volume: "A família do futuro".

35 Cf. Luc-Henry Choquet e Élisabeth Zucker-Rouvillois, *Reconsidérer la famille*, Paris, Gallimard, 2001. Essa questão é tratada nos capítulos 6 e 8 do presente volume: "As mulheres têm um sexo" e "A família do futuro".

— se dedicaram a pensar e descrever, no exato momento em que renunciavam ao evolucionismo e à invocação das antigas dinastias heroicas para fazerem do estudo do parentesco um modelo de pesquisa de vocação universal, capaz de antecipar as transformações sociais vindouras.

Em 1892, Émile Durkheim conceitualiza a família conjugal[36] em termos bem distantes da mitologia freudiana dos "estágios" e de sua interiorização psíquica. E no entanto as conclusões que tira de suas observações não são estranhas à perspectiva edipiana. Mostra com efeito que a construção da família dita "nuclear", oriunda das sociedades germânicas mais civilizadas da Europa, repousa na contração da antiga organização patriarcal.

Segundo ele, a instituição familiar tende a se reduzir à medida que as relações sociais se estendem e que o capitalismo se desenvolve, dando origem ao individualismo. A família moderna limita-se agora ao pai, à mãe, aos filhos e a seus descendentes, assim como aos filhos menores e solteiros.[37] Nesse modelo, o pai é reduzido, segundo Durkheim, a uma abstração, pois é a família, e não ele, que se encarrega dos conflitos privados, servindo assim ao mesmo tempo de suporte da individualização dos sujeitos e de muralha para a própria finitude deles. Caso ela não assumisse esse papel, acrescenta Durkheim, o sujeito poderia se tomar por seu próprio fim e se suicidar.

Em 1898 Durkheim acrescenta a essa descrição uma definição sociológica do parentesco dissociada da consanguinidade. Oriunda da família primitiva, esta tem como funda-

---

36 Émile Durkheim, "La famille conjugale", *L'Année Sociologique*, 1892, p.35-49.
37 Sem o saber, Durkheim descreve assim a família do próprio Freud, composta de fato por sua mulher, sua cunhada (solteira), seus filhos, dos quais uma, Anna Freud, continuará solteira e viverá sob o teto dos pais.

mento, diz ele, o totemismo, que remete a uma nomeação original. Pois o emblema herdado do totem serve de suporte às relações entre indivíduos de um mesmo clã, o que os desvincula de um pertencimento centrado na raça, no sangue ou no laço hereditário: "Em si mesmo, o nascimento não basta *ipso facto* para fazer da criança um membro integrante da sociedade doméstica; é preciso que cerimônias religiosas a ele se aponham. A ideia de consanguinidade fica portanto completamente em segundo plano."[38]

Ao serem lidas todas essas interpretações da família, de Freud a Durkheim, compreende-se como a psicanálise, a sociologia e a antropologia souberam dar conta, por meio dos conceitos apropriados, das transições já operantes na vida das famílias. Contrariamente aos princípios da psicologia dos povos ou do evolucionismo ingênuo que, de Bonald a Le Play, viam a família como um corpo orgânico cujas fronteiras morais era preciso preservar a qualquer preço, essas três disciplinas propuseram uma nova definição da ordem simbólica que permite pensar o declínio do poder paterno sem com isso destruir a estrutura capaz de mantê-lo sob uma forma cada vez mais abstrata.

Fenômeno inelutável, essa redução teve por efeito transformar a família em uma fortaleza afetiva restrita a interesses privados. E como os casamentos por amor resultavam a longo prazo em um esgotamento do desejo e um desencantamento do sexo, a relação entre a mãe e o filho tornou-se primordial, à medida que aumentava o número de separações, divórcios e recomposições parentais. Assistiu-se então, durante todo o

---

38 Émile Durkheim, "La proibition de l'inceste et ses origines" (1898), in *Journal sociologique*, Paris, PUF, 1969.

século XX, a uma "maternalização"[39] da família nuclear que se traduziu, para a psicanálise, em um relativo abandono do freudismo clássico em prol das teorias de Melanie Klein.

Em Viena, Freud considerava que a análise de uma criança não devia começar antes da idade de quatro anos, nem devia ser conduzida "diretamente", fora da mediação da autoridade parental julgada protetora: "Colocamos como pressuposto que a criança é um ser pulsional, com um eu frágil e um supereu precisamente em vias de formação. No adulto, trabalhamos com um eu consolidado. Não é portanto ser infiel à análise levar em conta em nossa técnica a especificidade da criança, na qual, na análise, o eu deve ser sustentado contra um isso pulsional onipotente."[40]

Em Londres, Melanie Klein propunha, ao contrário, abolir as barreiras que impediam o psicanalista de ter acesso direto ao inconsciente da criança. A proteção de que Freud falava lhe parecia um engano.

Para além dessas considerações técnicas, que deram origem em 1925 a uma prática nova da psicanálise de crianças, vê-se claramente que, se Freud buscava descobrir a criança recalcada no adulto, Melanie Klein, pelo viés do interesse voltado para a origem das psicoses e para as relações arcaicas com a mãe, explorava na criança o que estava *já recalcado* nela: o lactente. A partir dos anos 1950, em toda parte as análises de crianças foram conduzidas segundo métodos mais kleinianos do que freudianos. E, mesmo com os pais nunca excluídos dos tratamentos, o pai deixou de ocupar neles o lugar de mensageiro da fala infantil.

---

39 Segundo Edward Shorter in *Naissance de la famille moderne*, op.cit., p.279.
40 "Lettres de Sigmund Freud à Joan Rivière (1921-1939)", apresentadas por Athol Hugues, *Revue Internationale d'Histoire de la Psychanalyse*, 6, 1993, p.429-81.

Objeto de todas as projeções imaginárias, das mais odiosas às mais fusionais, a mãe, no sentido kleiniano, não tinha mais nenhuma realidade antropológica. Bom ou mau objeto, era apreendida de forma subjetiva como um lugar de fantasias inconscientes e como fonte de destruição.

Melanie Klein demonstrava que, sob a aparência de grande normalidade, a família afetiva moderna recebia em seu seio os tormentos mais atrozes e os segredos mais funestos. A patologia psíquica mostrava a utilidade da norma no cerne de uma relação entre a mãe e o filho que tendia a abolir a função separadora do pai. Foi preciso esperar as contribuições clínicas de Donald Woods Winnicott sobre a "mãe suficientemente boa" (*good-enough mother*) e "extremosa comum" (*ordinary devoted mother*) para corrigir os excessos dessas clivagens maniqueístas que resultavam numa visão perversa ou psicótica das relações de parentesco.[41]

Winnicott restabelecia de fato um equilíbrio entre os dois polos do materno e paterno ao assinalar que o pai é "necessário para dar à mãe um apoio moral, para sustentá-la em sua autoridade, para ser a encarnação da lei e da ordem que a mãe introduz na vida da criança".[42] A esse respeito, foi de fato, ele também, o representante de uma concepção maternalista da família em virtude da qual o filho se tornara *His Majesty Baby* e o pai o suporte da autoridade materna. Tanto que recusava o maniqueísmo da onipotência, boa ou má, do materno "internalizado" em prol da ideia de uma partilha da autoridade simbólica.

No seio desse dispositivo que influenciou as sociedades ocidentais, a criança ocupou então, em sua relação com a

---

41 Donald Woods Winnicott, *Le Bébé et sa mère*, Paris, Payot, 1992. [Ed. bras.: *Os bebês e suas mães*, São Paulo, Martins Fontes, 1988.]
42 Donald Woods Winnicott, "Le père" (1944), in *L'Enfant et sa famille*, Paris, Payot, 1989, p.119.

mãe, o lugar central reservado a Deus pai. Assim ele herdou, valendo-se de sua onipotência, uma imagem turva da autoridade paterna, que parecia se dissipar no nada de uma maternalização crescente.

Em 1938, no momento em que Freud se apoderava de Moisés para demonstrar que o monoteísmo devia sua força à instauração de uma lei do pai sucedendo a um assassinato recalcado, Lacan publicava uma brilhante síntese da situação da família ocidental às vésperas da guerra. Misturava ali considerações clínicas sobre o complexo de Édipo ou a psicopatologia das relações entre pais e filhos a uma análise das diferentes teorias psicanalíticas, antropológicas e sociológicas que permitiam compreender seu status e sua evolução.[43]

Ao associar as teses de Bonald às de Aristóteles e Durkheim, Lacan contemplava as afirmações kleinianas para desenhar um quadro tenebroso da família nuclear moderna. Mas inspirava-se igualmente no biólogo alemão Jakob von Uexküll, que revolucionara o estudo dos comportamentos animais e humanos mostrando que o pertencimento a um meio devia ser pensado como a interiorização desse meio no vivido de cada espécie. Daí a ideia de que o enraizamento de um sujeito no meio ambiente não devia ser definido como um contrato entre um indivíduo livre e uma sociedade, mas como uma relação de dependência entre um meio e um indivíduo, ele próprio determinado por ações específicas de interiorização dos elementos desse meio.

---

43 Jacques Lacan, "Les complexes familiaux dans la formation de l'individu" (1938), in *Autres écrits*, Paris, Seuil, 2001, p.23-85. [Ed. bras.: *Os complexos familiares...*, Rio de Janeiro, Zahar, 1987.] Já tive oportunidade de comentar esse texto e de explicar sua gênese. Cf. Elisabeth Roudinesco, *Jacques Lacan. Esquisse d'une vie...*, op.cit. Retomo, e complemento, aqui certos pontos de minha demonstração.

Esse empréstimo permitia a Lacan apontar que a família é organizada segundo *imagos*, um conjunto de representações marcadas pelos dois polos do paterno e do materno. Fora desse pertencimento, que caracteriza, dizia ele, a organicidade social da família, nenhuma humanização do indivíduo é possível.

Aparentemente, Lacan pensava então a família como um todo orgânico, e não hesitava em fustigar o declínio da imago paterna tão característica, a seu ver, do estado desastroso da sociedade europeia às vésperas da guerra. No entanto, contrariamente aos teóricos da contrarrevolução, opunha-se à ideia segundo a qual um restabelecimento da onipotência patriarcal fosse uma solução para o problema. E da mesma forma recusava-se a fazer da família o motivo de uma perpetuação da raça, do território ou da hereditariedade. Estava convicto de que a antiga soberania do pai estava para sempre perdida e de que qualquer projeto de restauração não desembocaria senão em uma farsa, uma caricatura, um artifício. De fato, ao fazer uso de uma terminologia que parecia se aproximar da de Bonald, ou mesmo de Maurras, Lacan analisava o fenômeno familiar à maneira de Durkheim e da antropologia moderna.[44] Segundo ele, a família devia ser submetida ao olhar crítico da razão. Desse processo — e exclusivamente dele —

---

44 Sob esse aspecto, contrariamente ao que afirmam certos autores, Lacan nunca foi um pensador maurrassiano nem adepto de uma concepção conservadora ou católica da família. Cf. Michel Tort, "Homophobies psychanalytiques", *Le Monde*, 15 out 1999; "Quelques conséquences de la différence 'psychanalytique' des sexes", *Les Temps Modernes*, 609, jun-jul-ago 2000; Didier Éribon, *Une morale du minoritaire. Variations sur un thème de Jean Genet*, Paris, Fayard, col. Histoire de la Pensée, 2001, especialmente os capítulos dedicados à "homofobia" de Lacan e aquele intitulado "Pour en finir avec Jacques Lacan". Tive oportunidade de responder a essas críticas em uma conversa com François Pommier: "Psychanalyse et homosexualité: réflexions sur le désir pervers, l'injure et la fonction paternelle", *Cliniques Méditerranéennes*, 65, fev-mar 2002, p.7-34.

dependia a possibilidade de introduzir no "todo orgânico" uma consciência subjetiva capaz de se desvincular dele.

Lacan aproveitava então a lição do gesto freudiano. A revalorização do pai não podia ser senão simbólica. Apoiando-se em Henri Bergson,[45] que em 1932 opunha uma moral da obrigação a uma moral da aspiração, via no interdito da mãe a forma concreta de uma *obrigação* primordial ou de uma *moral fechada*. O complexo de aleitamento era sua expressão porque restabelecia, sob a forma de uma "imago do seio materno", a relação de aleitamento interrompida. A existência dessa imago, dizia ele, domina o conjunto da vida humana como um apelo à nostalgia do todo. Ela explica, na mulher, a permanência do sentimento da maternidade. Mas, quando essa imago não é sublimada para permitir o laço social, torna-se mortífera. Daí o apetite de morte que pode se manifestar no sujeito através de condutas suicidas.

Ao contrário, Lacan situava a função da aspiração e da abertura do lado da autoridade paterna, da qual o complexo edipiano era a expressão, uma vez que introduzia uma triangulação que separava o filho da mãe.

Filtro do crime, da loucura, da neurose, a família era portanto, a seus olhos, a pior das estruturas à exceção de todas as outras: "Famílias, eu vos odeio, porque não posso amá-las", esta poderia ser sua divisa. Com isso rendia homenagem a Freud: "O sublime acaso do gênio talvez não explique sozinho que seja em Viena — então centro de um Estado que era o *melting-pot* das formas familiares mais diversas, das mais arcaicas às mais evoluídas, dos últimos agrupamentos agnáticos dos camponeses eslavos às formas mais reduzidas do lar pequeno-burguês e às formas mais decadentes da relação ins-

---

45 Henri Bergson, *Les Deux sources de la morale et de la religion* (1932), Paris, PUF, 2000.

tável, passando pelos paternalismos feudais ou mercantis — que um filho do patriarcado judeu tenha inventado o complexo de Édipo. De todo modo, foram essas formas de neurose dominantes no final do último século que revelaram que elas eram intimamente dependentes das condições da família."[46]

Embora brandindo o brasão imemorial do pai, transformado pelo próprio movimento da história em um patriarca abatido, Lacan se interrogava sobre a pertinência da leitura freudiana do *Édipo* de Sófocles. Claramente, desde 1938, ele começava a ler ao avesso — ou diferentemente — o mito e a tragédia. E ao mesmo tempo afirmava que o "protesto viril da mulher" era uma consequência extrema da criação do complexo edipiano. Porém, em lugar de fazer da Esfinge um substituto do pai, e de sua eliminação um signo precursor do desejo da mãe, via nele antes a "representação de uma emancipação das tiranias matriarcais de um declínio do rito do assassinato real".[47] Da mesma forma, assinalava que a escolha edipiana feita por Freud de uma preponderância da ordem simbólica era acompanhada de um avesso temível: "a ocultação do princípio feminino sob o ideal masculino, do qual a virgem, por seu mistério, é, através dos períodos dessa cultura, o signo vivo".[48]

O tema da "diferença virginal", como paradigma de um gozo feminino heterogêneo ao domínio da ordem simbólica, será recorrente ao longo de todo o desenvolvimento do pensamento de Lacan. Ela o levará finalmente a empreender uma revisão radical da leitura dos Trágicos gregos. A Édipo, rei de Tebas e tirano da desmedida, Lacan irá preferir Édipo em

---

46 Jacques Lacan, "Les complexes familiaux...", op.cit., p.61.
47 Ibid., p.58.
48 Ibid., p.84.

Colono, sombrio ancião desprovido de sua soberania e despojado dos atributos de sua paternidade. Da mesma forma, para a geração seguinte, escolherá Antígona, heroína mística, segundo ele, de um trajeto mortífero — entre dois mortos —, em lugar de Electra ou Orestes. Enfim, fará de Hamlet não um filho culpado, mas o herói de uma tragédia do impossível, prisioneiro de um pai morto — o espectro — e de uma mãe que lhe transmitira um verdadeiro horror da feminilidade.[49]

Essa figuração quase sadiana de uma virgindade mística, escapando ao *logos* separador, indicava o quanto Lacan estava preocupado em separar o feminino do materno e de apreender o seu lugar. A esse respeito, podemos levantar a hipótese de que, se Freud respondera com uma nova concepção da ordem simbólica ao terror *fin de siècle* da supressão da diferença sexual, Lacan prolongava esse gesto ao enfrentar a irrupção do real dessa diferença. E irá repeti-lo no momento em que as mulheres buscarão afirmar sua identidade sexuada, no dia seguinte de uma guerra que teve como traço essencial uma vontade de condenar o gênero humano à morte.

---

49 Jacques Lacan, *Le Séminaire*, livre VII: *L'Éthique de la psychanalyse* (1959-60), Paris, Seuil, 1986; *Le Séminaire*, livre VI: *Le Désir et son interprétation* (1958-59), inédito; *Le Séminaire*, livre XX: *Encore* (1972-73), Paris, Seuil, 1975. [Eds. bras: *O Seminário*, livros 7 e 20, Rio de Janeiro, Zahar, 1995 e 1987, resp.]

6
As mulheres têm um sexo

Há diversas formas de abordar relações de dominação, de igualdade ou de desigualdade entre os homens e as mulheres. Se nos situarmos do ponto de vista do corpo, o homem e a mulher são seres biológicos, e de sua diferença anatômica depende sua posição social. O gênero — ou identidade sexual — é então determinado em função dessa diferença.[1] Mas, se privilegiarmos o gênero em detrimento da diferença biológica, relativizaremos esta última e valorizaremos uma outra diferença entre os homens e as mulheres, uma diferença dita "cultural" ou "identitária", determinada pelo lugar que ocupam na sociedade. No primeiro caso, divide-se a humanidade em dois polos sexuados — os homens de um lado, as mulheres de outro —, e no segundo, multiplicam-se ao infinito as diferenças sociais e identitárias, sustentando que os homens e as mulheres entram, do ponto de vista biológico, na categoria

---

[1] Derivado do latim *genus*, o termo "gênero" é utilizado habitualmente para designar uma categoria qualquer — classe, grupo ou família — apresentando os mesmos sinais de pertencimento. Em numerosos trabalhos contemporâneos, designa-se por "sexo" o que deriva do corpo sexuado (masculino ou feminino) e por "gênero" o que se reporta à significação sexual do corpo na sociedade (masculinidade ou feminilidade). Cf. Joan Scott, "Genre: une catégorie utile d'analyse historique", *Les Cahiers du GRIF*, 37-8, primavera 1988, p.125-53.

de um gênero sexuado, uma vez que, se ambos têm um sexo, a diferença sexual conta menos, para a sociedade, que outras diferenças, como a cor da pele, o pertencimento de classe, os costumes, a idade, a origem dita "étnica" ou ainda o papel escolhido para representar junto a seus semelhantes.

É a Aristóteles que devemos a descrição provavelmente mais interessante do modelo do sexo único. Segundo ele, a primeira união necessária à ordem da natureza é a de um macho com uma fêmea. O sêmen do homem é soberano pois contém o "princípio da forma", ao passo que o da mulher não, uma vez que ela é apenas a "matéria que recebe a forma". E quando explica que o macho é "o ser que gera em um outro e a fêmea o ser que gera em si", Aristóteles quer dizer que só o esperma engendra e gera a criança que irá se lhe assemelhar. Como consequência, o homem comanda, a mulher se submete e a família é organizada segundo um princípio monárquico. Porém sob a condição de que seja integrada à cidade. Pois apenas a cidade — quer dizer, a cidade grega — é submetida ao princípio monárquico, ao contrário do mundo dos bárbaros, composto de aldeias, pura justaposição de famílias.

Anterior à família, mas composta de *famílias* que reproduzem sua hierarquia, a cidade divide-se em três categorias de humanos: o homem, que é o senhor, o esposo e o pai; a mulher, que é a esposa e a mãe; o escravo, que é a "coisa do senhor", e que é desprovido dessa parte "deliberativa da alma própria do animal cívico". Como consequência, a mulher, mesmo inferior ao homem, é definida, como ele, por sua identidade sexuada — por seu gênero —, ao passo que o escravo, que é o prolongamento do animal de trabalho, é definido antes de tudo como a "propriedade de um homem", isto é, como um humano "que não se pertence". Pouco importa então que ele seja ou não um ser sexuado, já que não existe politicamente.

Superior ao escravo e inferior ao homem, a mulher lhe é semelhante como ser sexuado, mas difere dele porque está próxima da animalidade, e, sob este aspecto, é capaz de se tornar perigosa para a cidade. Portanto, opõe-se ao homem sendo "passiva", enquanto este é "ativo", o que faz dela um "homem invertido", como prova a posição de seus órgãos: seu útero é o equivalente de um pênis.[2]

Esse modelo dito "unissexuado", que considera a mulher como a exata réplica invertida do homem, será retomado por Galeno,[3] que lhe imporá no entanto diversas modificações. A seu ver, o útero é o escroto; a vulva, o prepúcio; os ovários, os testículos; a vagina, um pênis. Numa tal representação, a fecundação resulta da ação do sêmen masculino, que faz "coalhar" o sangue menstrual da mulher, como acontece com um queijo.

Quando se considera que o sexo anatômico prevalece sobre o gênero, a unidade se esfacela e a humanidade é dividida em duas categorias imutáveis: os homens e as mulheres. As outras diferenças são então desprezadas ou abolidas. Três representações são possíveis a partir daí. Ou a diferença sexual é pensada em termos de complementaridade, e a mulher se torna um *alter ego* do homem, dividindo com ele um prazer carnal e um papel social; ou é inferiorizada, e a mulher é classificada em uma espécie de tipo zoológico: monstro, andrógina, lésbica, prostituta; ou é idealizada, e a mulher se torna um "suplemento", heterogêneo à ordem simbólica: a louca, a mística, a virgem. Na primeira representação, a feminilidade da mulher é sempre associada à maternidade, ao passo que nas duas outras o feminino e o materno são disso-

---

2 Aristóteles, *Politique*, vol.I, op.cit., p.24. Cf. também p.18 do presente volume.
3 Cláudio Galeno (131-201 d.C.), célebre médico e filósofo grego, comentador de Platão e autor de um tratado sobre as paixões e os enganos da alma.

ciados, e a mulher é então incapaz de realizar a tarefa procriadora a ela imposta pela natureza e pela cultura.

A partir dessas diversas representações da feminilidade foram deduzidas as posições de poder, submissão, complementaridade ou exclusão das mulheres no seio da sociedade. E, quaisquer que tenham sido as variações ligadas à primazia atribuída ao sexo ou ao gênero, percebemos sempre o traço das modificações sofridas pela família ao longo dos séculos.[4]

Assim, foi primeiramente do declínio do poder divino do pai, e de sua transferência para uma ordem simbólica cada vez mais abstrata, depois da maternalização da família, que surgiu, em toda sua força, a sexualidade das mulheres. Um desejo feminino, fundado ao mesmo tempo sobre o sexo e o gênero, pôde então brotar, depois de ser tão temido, à medida que os homens perdiam o controle sobre o corpo das mulheres. Com a conquista definitiva de todos os processos da procriação pelas mulheres, um temível poder lhes foi reservado no final do século XX. Elas adquiriram então a possibilidade de se tornar mulheres prescindindo da vontade dos homens. Daí uma nova desordem familiar consecutiva ao surgimento de uma nova fantasia de abolição das diferenças e das gerações.

Em um livro publicado em 1990,[5] Thomas Laqueur mostra que nunca as noções de gênero e de sexo se recobriram completamente, nem tampouco se sucederam segundo uma história linear. Entretanto, o modelo da unidade foi predominante até o século XVIII. Homens e mulheres eram então classificados segundo seu grau de perfeição metafísica, a posição soberana sendo sempre ocupada por um modelo mascu-

---

4 Cf. Françoise Collin, Évelyne Pisier e Eleni Varikas, *Les Femmes, de Platon à Derrida. Anthologie critique*, Paris, Plon, 2000.
5 Thomas Laqueur, *La Fabrique du sexe. Essai sur le corps et le genre en Occident* (1990), Paris, Gallimard, 1992, trad. fr. de Michel Gautier.

lino assimilado a uma ordem simbólica neutra, unissexuada e de origem divina. O gênero parecia então imutável, à imagem da hierarquia do cosmo.

Em seguida e em contrapartida, o modelo da diferença sexual foi valorizado, com suas diversas representações, à medida que se sucediam as descobertas da biologia. A posição ocupada pelo gênero e o sexo tornou-se então motivo de um conflito incessante, não apenas entre os homens e as mulheres, mas entre os pesquisadores que tentavam explicar suas relações.

De um ponto de vista antropológico, é possível classificar as sociedades humanas em duas categorias em função da maneira como pensam as relações entre o sexo social (gênero) e o sexo biológico (sexo). A cada categoria corresponde uma representação, conforme um e outro se emaranhem e se superponham, ou o gênero prevaleça sobre o sexo (ou ainda este último seja negado ou tido como desprezível).[6]

Na primeira categoria, de longe a mais difundida, perfilam-se as sociedades para as quais o pertencimento biológico importa pouco em relação ao papel social atribuído ou desempenhado por indivíduos cujos lugares femininos ou masculinos são intercambiáveis. Em algumas dessas sociedades, muito raras e frequentemente hierarquizadas, guerreiras e polígamas, quando as mulheres são em número insuficiente, homens podem às vezes esposar jovens rapazes, estes lhes prestando então serviços "femininos".

A partir de 1970, uma reavaliação dita "pós-moderna" da questão sexual ocidental tomou impulso considerável em certas universidades americanas ao se apoiar não sobre modelos de gênero e de sexo descritos pela antropologia — ou postos

---

6 Retomo aqui, modificando-as, certas teses, bastante interessantes, de Nicole-Claude Mathieu, in *L'Anatomie politique. Catégorisations et idéologies du sexe*, Paris, Côté Femmes, 1991.

em prática espontaneamente pelo movimento da história — mas sobre a ideia especulativa segundo a qual o sexo biológico seria um dado do comportamento humano tão "construído" quanto o gênero.

Nessa perspectiva, a teorização das relações entre os homens e as mulheres consiste em fazer do sexo social (ou *gender*) o operador "colonialista" do poder de um gênero sobre outro. Daí uma classificação com diferenças múltiplas, onde se misturam a orientação sexual e o pertencimento "étnico": os heterossexuais (homens, mulheres, negros, brancos, mestiços, hispânicos etc.), os homossexuais (gays e lésbicas, negros, brancos etc.), os transexuais (homens, mulheres, gays, negros, brancos, mestiços etc.). Fundada em uma transposição da luta de classes para luta de sexos, esta análise teve o mérito de trazer um fôlego novo aos estudos dedicados aos fundamentos da sexualidade humana. Mas apresenta o triplo defeito de desnaturalizar ao extremo a diferença sexual, de incluir o desejo sexual no gênero, e de dissolver o um no múltiplo. Como consequência, privilegia a noção de que a própria sexualidade — biológica, psíquica, social — seria sempre a expressão de um poder inconsciente de tipo identitário ou genealógico.

Em 1990 essas teses deram origem à *queer theory*,[7] ou seja, a uma concepção da sexualidade que rejeita ao mesmo tempo o sexo biológico e o sexo social, cada indivíduo podendo adotar a qualquer momento a posição de um ou do outro sexo, suas roupas, seus comportamentos, suas fantasias, seus delírios. Daí a afirmação de que as práticas sexuais mais opacas como o nomadismo, a pornografia, o escarpismo, o fetichismo ou o voyeurismo teriam a mesma função antropológica que a heterossexualidade mais clássica. Entre as centenas

---

7 *Queer* significa bizarro. O termo foi inicialmente utilizado como injúria contra os homossexuais, antes de ser recuperado pelos pesquisadores.

de estudos apaixonantes assim empreendidos há mais de vinte anos, os trabalhos de Judith Butler[8] desempenharam o papel de revelador de uma crise identitária particularmente aguda da sociedade americana do final do século XX, em sua relação tão particular com a sexualidade. E contribuíram para modificar as representações da sexualidade no Ocidente ao lançar luzes especialmente sobre o caráter "perverso e polimorfo" da identidade sexual "pós-moderna", mais à vontade nas metamorfoses de Narciso do que na tragédia edipiana.

Essa polêmica do gênero e do sexo já opusera, desde o século XVII, os partidários do primado do universal aos adeptos do primado da diferença. Para os primeiros, apenas um universal do *logos* separador, misturando o gênero e o sexo, permite equalizar as condições. Para os segundos, ao contrário, apenas um pensamento da diferença, separando o sexo do gênero, pode contribuir para o aperfeiçoamento das liberdades individuais.

Em 1673, em uma obra célebre, *Sobre a igualdade dos dois sexos*, François Poulain de La Barre decidiu aplicar o método da dúvida cartesiana[9] ao preconceito da desigualdade. A condição imposta às mulheres era para ele um escândalo do

---

8 Judith Butler, *Gender Trouble. Feminism and the Subversion of Identity* (1990), Nova York, Routledge, 1999. Encontramos uma boa exposição do conteúdo desse livro no de Didier Éribon, *Réflexions sur la question gay*, Paris, Fayard, col. Histoire de la Pensée, 1999. Cf. também Stéphane Nadaud, *Homoparentalité, une nouvelle chance pour la famille?*, Paris, Fayard, 2002. A respeito da família dita "homoparental", remetemos ao capítulo 8 do presente volume: "A família do futuro".
9 François Poulain de La Barre, *De l'égalité des deux sexes* (1673), Paris, Fayard, col. Corpus des Œuvres de Philosophie en Langue Française, 1984, p.60.

espírito, e o primeiro preconceito de que o gênero humano devia se desfazer era o da pretensa superioridade dos homens sobre as mulheres.

Ao fazer uso de pesquisa pessoal e investigação histórica, Poulain de La Barre demonstrou que os argumentos clássicos em apoio à tese da inferioridade não repousavam sobre fundamento algum. À definição dita "natural" da mulher, opôs uma noção de diferença sexual oriunda não da natureza, absolutamente, mas da existência social: "O cérebro das mulheres, apontava, é semelhante ao dos homens, uma vez que ouvem como nós pelas orelhas, veem pelos olhos e saboreiam com a língua." Para remediar tanto a hierarquia preconizada pela sociedade como a alienação das mulheres que aceitavam seus princípios, Poulain de La Barre propõe um programa revolucionário: abrir às mulheres *todas* as carreiras sociais, da teologia à gramática, passando pelo exercício do poder, seja militar ou estatal: Quanto a mim, não me espantaria ver uma mulher usando um capacete na cabeça em vez de uma coroa. Ou presidindo um conselho de guerra como o de um Estado. Ou treinando ela própria seus soldados, organizando um exército na batalha, dividindo-o em diversas tropas — como ela se divertiria ao ver isso realizado... A arte militar não é em nada superior às outras de que as mulheres são capazes, exceto pelo fato de ser mais rude e fazer mais barulho e mal."[10]

No século XVIII, dois discursos se opuseram no coração dos ideais da filosofia das Luzes. Derivado da antiga teoria dos temperamentos, o primeiro sustentava a existência de uma "outra natureza feminina invariante". Tomava como referência as posições expressas por Jean-Jacques Rousseau na quinta parte do *Emílio* e na *Nova Heloísa*. Invertendo a perspectiva cristã, Rousseau afirmava que a mulher era o modelo primordial do ser humano. Porém, ao ter esquecido o estado

---

10 Ibid., p.82.

de natureza, tornara-se um ser artificial e mundano. Para se regenerar, devia então aprender a viver segundo sua verdadeira origem.

A regeneração devia assumir a forma de um retorno a uma linguagem anterior às palavras e ao pensamento, que se assemelhasse a uma essência fisiológica da feminilidade. Nessa perspectiva, a mulher poderia finalmente voltar a ser um ser corporal, instintivo, sensível, débil organicamente e inapto para a lógica da razão.

O verbete "mulher" da *Enciclopédia* testemunha a pertinência desse discurso. A mulher é efetivamente definida por seu útero, sua flexibilidade e sua umidade. Sujeita a doenças vaporosas, é comparada a uma criança, a textura de seus órgãos caracterizando-se por uma fraqueza congênita, uma ossatura menor que a dos homens, uma caixa torácica mais estreita e cadeiras que balançam incessantemente para encontrar seu centro de gravidade. Esses fatos provam, dizia o autor do verbete, que o destino da mulher é o de gerar, não o de se entregar a qualquer atividade profissional ou intelectual.

A esse credo opunha-se uma outra corrente da filosofia das Luzes, representada por Antoine Caritat, marquês de Condorcet. Universalista e partidário do primado do gênero sobre o sexo, submetia a condição feminina ao direito natural, que impunha aos sujeitos uma mesma lei, qualquer que fosse sua anatomia. Parte integrante da humanidade, a mulher devia então ser considerada, da mesma maneira que o homem, um ser dotado de razão. Assim, convinha lhe conceder direitos idênticos àqueles de seu homólogo do outro sexo: direitos civis e políticos. Nessa perspectiva, Condorcet pregava a instituição de um direito que tornaria os homens iguais perante a lei, desconfiando de uma referência à natureza sempre suscetível de fundar uma desigualdade. Dizia que, se as mulheres parecem frequentemente inferiores aos homens, isso se deve a circunstâncias históricas que as mantêm submissas à autoridade marital que ao mesmo tempo as priva de educação.[11]

Foi através do feminismo, que associava a luta em favor da igualdade dos direitos para os dois sexos a um projeto revolucionário de transformação da sociedade, que se esboçou, no final do século XVIII, um extenso movimento de emancipação das mulheres.

Na Inglaterra, John Stuart Mill, filósofo liberal e teórico do individualismo, adotou as teses do igualitarismo político sob uma ótica distinta da dos pensadores franceses. Em 1851, publicou sob seu nome uma primeira obra em favor da emancipação feminina, que fora escrita por sua companheira, Harriet Hardy Taylor, e da qual era corredator. Depois da morte dela, militou em favor do sufrágio feminino e, em 1869, num segundo trabalho consagrado à submissão das mulheres,[12] comparou a condição delas à servidão feudal ou colonial, chegando mesmo a denunciar o "estupro conjugal" da qual eram, afirmava, as vítimas silenciosas e impotentes. A seus olhos, o aleitamento das mulheres tinha suas raízes na barbárie masculina, vestígio de uma dominação ancestral que perdurava no seio da família burguesa. Para combater esses flagelos, preconizava o direito ao divórcio, o acesso igual das mulheres e dos homens à instrução e a livre escolha do trabalho. Porém, acrescentava, se as mulheres optam pelo casamento, devem se submeter à divisão de tarefas que, segundo o costume habitual, encarrega o homem de ganhar os rendimentos e a mulher de dirigir os trabalhos domésticos. Com esta afirmação, contradizia a posição de Harriet Taylor segun-

---

11 Cf. Condorcet, Prudhomme, Guyomar..., *Paroles d'hommes (1790-1793)*, apresentação de Élisabeth Badinter, Paris, POL, 1989; e Élisabeth Badinter e Robert Badinter, *Condorcet. Un intellectuel en politique*, Paris, Fayard, 1988.
12 John Stuart Mill, *De l'assujettissement des femmes* (1869), Paris, Infrarouge, 1992.

do a qual a mulher moderna devia poder contribuir, no casamento, para o orçamento do casal passando do lugar de "criada à de parceira".

Ao privilegiar o gênero sobre o sexo, Mill não se preocupava em nada com a diferença sexual, e, a seus olhos, a complementaridade dos status feminino e masculino permanecia a condição mesma de um progresso da sociedade e da família.

A ênfase posta sobre o "estupro conjugal" era de considerável importância. Pois, para além dessa violência interna, própria do casamento, e que repousava na obrigação do coito para os dois parceiros, o estupro, cometido essencialmente por homens, atingia em primeiro lugar as mulheres e as crianças. Energicamente condenado na antiga sociedade, era então considerado um desafio à autoridade monárquica. O "estupro das mulheres" atentava contra o rei, dizia-se, e destruía as famílias. Dessa forma devia ser punido com a morte e torturas múltiplas.

No entanto, a condenação continuava relativa e não primordial. Pois, ao penetrar ferozmente o sexo feminino, o estuprador era reconhecido culpado acima de tudo de atentar antes contra a autoridade masculina e patriarcal do que contra o corpo da própria mulher. Daí uma gradação nas punições: deflorar uma moça virgem, futura esposa e futura mãe, destinada ao casamento, era considerado um crime bem mais grave do que constranger uma prostituta, uma cortesã ou uma vagabunda. E foi necessária uma reversão da situação, no final do século XIX, e sobretudo o reconhecimento cada vez mais consolidado do crime sexual contra as crianças, para que o estupro das mulheres fosse julgado de maneira mais incondicional.[13]

---

13 Sobre a evolução do crime sexual, remetemos ao excelente estudo de Georges Vigarello, *Histoire du viol, XVe-XXe siècle*, Paris, Seuil, 1998. [Ed. bras.: *História do estupro*, Rio de Janeiro, Zahar, 1998.] Já encontramos esta

Na aurora do século XX, as teses emancipatórias, em seu conjunto, confluíram quando o feminismo se organizou em movimento político e quando, em favor do declínio do poder patriarcal, Freud propôs uma teoria da sexualidade humana capaz de subverter as antigas mitologias naturalistas e antinaturalistas da feminilidade.

Porém, durante o entreguerras, o movimento das mulheres se afastou do ideal igualitário para reivindicar um feminismo mais radical que não admitia mais como precondição para satisfação de suas exigências a realização de uma revolução social, como fora o caso anteriormente.[14] Apoiando-se mais no reformismo político e nos trabalhos da antropologia e da sociologia, ele pôs em discussão a questão da diferença sexual, que Freud repensara integralmente a partir de 1905.

Ao pegar emprestados seus modelos da biologia darwiniana, Freud sustentava a tese de um monismo sexual e de uma essência viril da libido humana. Nessa perspectiva de uma libido única, que se apoiava em teorias sexuais criadas pelos filhos,[15] mostrava que no estágio infantil a menina ignora a existência da vagina e vê o clitóris como um homólogo do pênis. Do mesmo modo tem a impressão de ser aquinhoada com um órgão castrado. Em função dessa dessimetria, evoluindo em torno de um pólo único de representações, o complexo de castração não se organiza, segundo Freud, da mesma maneira para os dois sexos. O destino de cada um deles é distinto em função das representações ligadas à diferença anatômica. Na puberdade, a menina toma cons-

---

tese na maneira com que Javé fala a Moisés do interdito do incesto: "A nudez da mulher do teu pai, tu não a descobrirás: é a nudez do teu pai", Antigo Testamento, Levítico, XVIII, 1-9.
14 Cf. Maïté Albistur e Daniel Armogathe, *Histoire du féminisme français du Moyen Age à nos jours*, Paris, Des Femmes, 1977.
15 Sigmund Freud, *Três ensaios sobre a teoria da sexualidade* (1905), ESB, vol.7.

ciência da existência da vagina, recalcando então sua sexualidade clitoridiana, ao passo que o menino vê na penetração um alvo para sua sexualidade. Mas, quando percebe que a menina não se lhe assemelha, interpreta a ausência do pênis nela como uma ameaça de castração para si próprio. Daí ele se desvincular da mãe e escolher um objeto do mesmo sexo.

A sexualidade da menina se organiza em torno do falicismo: quer um menino e deseja um filho do pai. Contrariamente ao menino, ela deve se desvincular de um objeto do mesmo sexo, a mãe, trocando-o por um objeto de sexo diferente. Para ambos os sexos, o vínculo com a mãe é o elemento primordial.

Vemos que, ao afirmar o princípio de um monismo sexual — e portanto de um falocentrismo — que corresponde ao primado que atribui a uma ordem simbólica separadora, Freud considera equivocada toda argumentação naturalista. A seu ver, não existe nem instinto materno, nem raça feminina. Assim, o falicismo é pensado como uma instância neutra, comum aos dois sexos.

A existência de uma libido única não exclui a bissexualidade. Na ótica freudiana, com efeito, nenhum sujeito é portador de uma pura especificidade masculina ou feminina, o que se traduz pela constatação de que, nas representações inconscientes do sujeito — seja homem ou mulher —, a diferença anatômica não existe. A bissexualidade, que é o corolário dessa organização monista da libido, atinge portanto ambos os sexos. Não apenas a atração de um sexo pelo outro deriva de uma complementaridade, mas a bissexualidade desfaz a própria ideia de uma organização assim. Daí os dois modos da homossexualidade: feminino, quando a menina permanece ligada à sua mãe a ponto de escolher um parceiro do mesmo sexo; masculino, quando o menino efetua uma escolha semelhante a ponto de negar a castração materna.

Em outras palavras, aos olhos de Freud, a dualidade está inscrita na unidade e a pulsão sexual não precisa de alteridade sexuada, sendo a mesma para os dois sexos. Seja-se homem ou mulher, ama-se e deseja-se segundo as mesmas paixões. Embora permanecendo adepto da ideia de que o gênero traduz o sexo e reciprocamente, Freud introduz uma novidade nessa classificação, de certo modo um terceiro termo, o da sexualidade psíquica fundada na existência do inconsciente. Faz do humano — homem e mulher — um sujeito desejante, e essa ordem do desejo não deriva nem do social, nem do biológico.

Essa tese freudiana foi contestada, a partir de 1920, pelos kleinianos, que criticaram, e com razão, a extravagante hipótese freudiana da ausência na menina da sensação da vagina. Opuseram uma concepção dualista à noção de libido única.[16]

Num sentido, a teoria da libido única estava próxima daquela, jurídica, de Condorcet. Mais de um século antes, tratou-se para o filósofo francês, como mais tarde para o cientista vienense, de mostrar que o domínio do feminino deve ser pensado enquanto parte integrante de um universo humano. Para Freud, de fato, a existência de uma diferença anatômica dos sexos não supõe o prevalecimento de uma natureza feminina, próxima da animalidade, uma vez que essa famosa diferença, ausente no inconsciente, é prova, para o sujeito, de uma contradição estrutural entre a ordem psíquica e a ordem anatômica. Com sua teoria do monismo e da não concordância entre o psíquico e o anatômico, Freud se junta aos ideais da filosofia das Luzes.

Vemos então por que, na perspectiva freudiana e mais amplamente na da psicanálise, a questão da diferença sexual

---

16 Os textos desse debate histórico estão traduzidos em francês sob o título *Féminité mascarade*, Paris, Seuil, 1994. Ver também Sigmund Freud, *La Vie sexuelle*, op.cit.; e Helene Deutsch, *Psychanalyse des fonctions sexuelles de la femme*, Paris, PUF, 1994.

só pode ser focalizada em referência a um vivido existencial. É que a ordem do desejo, no sentido freudiano, é heterogênea ao sexo e ao gênero. Ao mesmo tempo, subverte as categorias habituais da antropologia e da sociologia. Para resumir, ele lhes insufla mitos fundadores e históricos de dinastias heroicas ou decadentes aparentemente caducas. Pois para a psicanálise a família, seja qual for sua evolução, e sejam quais forem as estruturas às quais se liga, será sempre uma *história* de família, uma *cena* de família, semelhante àquela dos Labdácidas, dos reis shakespearianos ou dos irmãos Karamázov. A família, no sentido freudiano, põe em cena homens, mulheres e crianças que agem inconscientemente como heróis trágicos e criminosos. Nascidos condenados, eles se desejam, se dilaceram ou se matam, e não descobrem a redenção senão ao preço de sublimar suas pulsões.

Com relação à mulher em geral, e com relação à sexualidade feminina em particular, Freud sempre teve uma atitude interrogativa. Embora se perguntando "O que quer a mulher?", e embora vendo a sexualidade feminina como um "continente negro",[17] preconizava a complementaridade de uma unidade, de essência masculina, e de uma diferença, de essência feminina. A seus olhos, com efeito, o domínio do masculino estava associado a um desejo ativo de dominação, amor, conquista, sadismo ou transformação dos outros e de si mesmo, ao passo que o polo do feminino se caracterizava pela passividade, a necessidade de amor, a tendência à submissão e ao masoquismo.

Tanto a masculinidade se ligava para ele a um *logos* interiorizado como a feminilidade devia ser exumada: "A descoberta de uma fase anterior pré-edipiana na menininha, dizia Freud em 1931, provoca uma surpresa comparável num outro domínio trazido à tona pela cultura minoica e micênica

---

17 Sigmund Freud, "A questão da análise leiga", ESB, vol.20.

subjacente à cultura grega."[18] A mulher, no sentido freudiano, é portanto comparável à Grécia antes da Grécia sofocliana, a uma promessa de civilização antes da civilização.[19] Quanto à diferença sexual, é reportada a uma oposição entre um *logos* separador e uma arcaicidade exuberante. Daí a célebre fórmula: "O destino é a anatomia."

Contemplada por Freud em duas ocasiões, e em dois contextos diferentes,[20] em 1912 e em 1924, essa fórmula aludia a uma conversa que Napoleão teria tido com Goethe quando de um encontro em Erfurt em 2 de outubro de 1808. O imperador evocara as tragédias do destino por ele condenadas. Elas haviam pertencido, segundo ele, a uma época mais sombria: "O que nos importa hoje o destino?, dissera, o destino é a política."[21]

Ao falar assim da antiga Grécia, Napoleão não expulsava a tragédia senão para afirmar que a Revolução estava concluída. Não havia ele próprio renunciado a ser Bonaparte? Não se despojara dos ouropéis da Antiguidade com os quais os atores da Convenção haviam se trajado para cumprir seu glorioso destino? Doravante, uma vez realizado o desmoronamento da antiga sociedade, o trágico não se exprimia mais numa luta mortal entre os deuses e os homens sobre um fundo de profecia oracular, mas na ação política pela qual o próprio homem,

---

18 Sigmund Freud, "Sur la sexualité féminine" (1931), in *La Vie sexuelle*, op.cit., p.140; *Œuvres complètes*, vol.XIX, Paris, PUF, 1995, p.10.
19 Cf. Paul-Laurent Assoun, *Freud et la femme*, Paris, Calmann-Lévy, 1983. [Ed. bras.: *Freud e a mulher*, Rio de Janeiro, Zahar, 1993.]
20 Sigmund Freud, "Du rabaissement généralisé de la vie amoureuse (Contribuition à la psychologie amoureuse II)" (1912), in *Œuvres complètes*, vol.XI, Paris, PUF, 1998, p.126-54 [Ed. bras.: *ESB*, vol.11]; "La disparition du complexe d'Œdipe" (1924), in *Œuvres complètes*, vol.XVII, Paris, PUF, 1992, p.27-33 [Ed. bras.: *ESB*, vol.19].
21 Johann Wolfgang von Goethe, *Écrits autobiographiques 1789-1815*, edição estabelecida por Jacques Le Rider, Paris, Bartillat, 2001, p.516.

sucedendo aos deuses e aos monarcas, tomava as rédeas de sua história e da dos povos. Como consequência, o trágico desertara do teatro para descer para a rua. Introduzira-se na consciência do soldado do Império, confrontado com sua própria morte nos campos de batalha da nova Europa.

O imperador, transpondo o crepúsculo sob a pressão de uma consciência pesada, não aceitava que o caminho de seu destino fosse traçado pelo silêncio dos oráculos e a frieza das estátuas.[22]

Todos os sistemas filosóficos do século XIX saíram, como o imperador, do grande teatro da Revolução e todos — incluindo o sistema freudiano — são construídos no modelo de uma tragédia. E Freud não podia ignorar que, ao aproveitar de Napoleão, que tanto admirava, sua famosa frase sobre o destino, transformava em dramaturgia moderna a grande questão da diferença sexual. O destino, segundo Freud, será portanto não a política, mas a anatomia.

Devemos agora esclarecer a significação da fórmula. Longe de fazer da mulher um "homem invertido" ou "falhado", Freud afirma que a anatomia é tão somente o ponto de partida de uma nova articulação da diferença sexual que condena todos os homens e mulheres a se confrontarem com uma idealização ou uma desvalorização do outro, sem nunca alcançar uma completude real. A cena sexual estende-se assim à cena do mundo, e a guerra dos povos serve de modelo a uma guerra dos sexos. A nova luta mortal das consciências e das identidades toma então como incentivos os próprios órgãos da reprodução, ao neles introduzir a linguagem do gozo.[23]

---

22 Friedrich Hegel, *La Phénoménologie de l'esprit* (1807), Paris, Aubier, 1991, nova tradução de Jean-Pierre Lefebvre. [Ed. bras.: *Fenomenologia do espírito*, Petrópolis, Vozes, 2002.] Cf. igualmente George Steiner, *Les Antigones*, Paris, Gallimard, 1986.
23 Cf. Georges Eid (org.), *L'Intimité ou La Guerre des sexes. Le couple d'hier à demain*, Paris, L'Harmattan, 2001.

O mais espantoso é que esse procedimento reatualizava as velhas querelas teológicas sobre a gênese do orgasmo feminino. Segundo Freud, com efeito, para atingir sua plena maturidade sexual, a mulher deve renunciar ao prazer clitoridiano em prol do prazer vaginal. Dessa transferência de um órgão para o outro depende seu desabrochar no casamento e na sociedade.

Ao se apoiar na mitologia da passagem do clitóris para a vagina, Freud conclui então seu quadro da família. À ordem simbólica acrescenta uma ordem arcaica cujo modelo lhe é inspirado por Diana, a deusa dos efésios,[24] verdadeira *magna mater* que não cessou de morrer e renascer passando da colonização jônica para a era cristã. Se a lei do pai se baseia num *logos* separador, a lei da mãe tem como função transmitir a vida e a morte.

Esta arcaicidade do feminino tem menos a ver com o matriarcado eruptivo *à la* Bachofen que com a tradição cristã. Em outras palavras, a ordem materna no sentido freudiano remete à religião do filho, e portanto ao cristianismo, e a ordem paterna à religião do pai, isto é, ao judaísmo: "Segundo este evangelho [o de João], Jesus teria exclamado na cruz, mostrando Maria a seu discípulo bem-amado: eis tua mãe, e a partir daquele instante João levou Maria consigo. Se portanto João foi a Éfeso, Maria também foi com ele. Em Éfeso ergueu-se então, ao lado da igreja do apóstolo, a primeira basílica em honra da nova divindade dos cristãos, atestada desde o século IV. A cidade tinha novamente sua grande deusa, poucas coisas haviam mudado afora o nome."[25]

---

24 Sigmund Freud, "Grande est la Diane des Éphesiens" (1912), in *Œuvres complètes*, vol.XI, op.cit., p.49-55 [Ed. bras.: *ESB*, vol.12]. O título foi tirado de um poema de Goethe.
25 Ibid., p.52.

A família edipiana, monogâmica, nuclear, restrita, afetiva, reinventada por Freud, é assim herdeira das três culturas do Ocidente: grega por sua estrutura, judaica e cristã pelos lugares atribuídos respectivamente ao pai e à mãe. Genitora, companheira ou destruidora, a mulher, segundo Freud, permanece sempre a mãe, na vida e na morte. Por suas inevitáveis relações com a mulher, o homem sempre encontra nela três imagens de mãe: a própria mãe, em seu nascimento, a amante por ele escolhida em seguida à imagem da primeira, e para terminar, a terra-mãe, que o acolhe novamente em seu seio.[26]

Deusa da vida, deusa do amor, deusa da morte, a mulher, sob a forma da mãe, foi excluída por Freud da cena originária do assassinato do pai, da qual ela era o pivô. E é a esse título aliás que ela pode se tornar a esposa do filho na família monogâmica edipiana. Mas sob a condição, todavia, de renunciar aos excessos de uma sexualidade histérica, isto é, àquele clitóris infernal, fonte de mística ou de delírio. Essa renúncia tem seu corolário no destino masculino. Para ser civilizado e satisfazer a mulher, o homem freudiano deve controlar a sexualidade selvagem que herdou do pai da horda, e rejeitar a poligamia, o incesto, o estupro. Deve aceitar o declínio de seu antigo poder.

Indispensável à civilização, a mulher é o único ser capaz de insuflar no homem o princípio mesmo do amor e de fazê-lo romper os laços fratricidas pelos quais, desde sempre, empreendera perigosas batalhas contra a cultura, contra a democracia, contra si próprio: "O amor pela mulher, diz Freud em 1921, rompe as ligações de massa próprias da raça, da divisão em nações e da organização em classes da

---

26 Sigmund Freud, "Le motif du choix des coffrets" (1913), in *L'Inquiétante Étrangeté et autres textes*, Paris, Gallimard, 1985, p.81. [Ed. bras.: *ESB*, vol.12.]

sociedade, e realiza com isso operações culturalmente importantes."[27]

Feitas para o amor, as mulheres não são em nada encorajadas por Freud a exercerem uma profissão, a militarem pela igualdade ou a se tornarem as concorrentes dos homens no domínio da arte e da sublimação. Mais vale restringi-las, diz, à nobreza de uma arte da qual foram as iniciadoras, a textura e a tessitura, com referência à fabricação do "tosão pubiano".[28]

Criador da mulher histérica e da libido única, grande liberador do sexo, suspeito constante de querer aviltar crianças, esposas, mães e moças, desconfiava Freud de que seu belo pleito em favor da família conjugal e do amor materno corria o risco de um dia contradizer a realidade futura da condição feminina?

Talvez, a se acreditar numa carta que escreveu a Martha Bernays, sua futura mulher, em 1883. Depois de lhe ter recriminado por se interessar em demasia pelo famoso texto de John Stuart Mill que ele próprio traduzira a pedido de Theodor Comperz,[29] traçava um quadro idílico e inflamado de sua futura vida familiar. Mas se apresentava também, com

---

27 Sigmund Freud, "Psychologie des masses et analyse du moi" (1921), in *Œuvres complètes*, vol.XVI, Paris, PUF, 1991, p.81. [Ed. bras.: *ESB*, vol.18.]
28 Sigmund Freud, "La féminité", *La Vie sexuelle*, op.cit. [Ed. bras.: *ESB*, vol.22]. Cf. também Sarah Kofman, *L'Énigme de la femme. La femme dans les textes de Freud*, Paris, Galilée, 1983. Cf. também Victor Hugo a respeito de Cosette: "Cuidar, vestir, enfeitar, despir, voltar a vestir, ensinar, ralhar um pouco ... todo o futuro das mulheres está nisso. Uma menininha sem boneca é quase tão infeliz e impossível quanto uma mulher sem filhos." (*Les Misérables*, op.cit., p.321)
29 Theodor Comperz (1832-1912), escritor austríaco, autor de um trabalho célebre sobre os pensadores da Grécia e editor da tradução alemã das obras de John Stuart Mill. Em 1876, confiou a Freud a tradução de diversos ensaios de Mill, entre os quais duas obras sobre as mulheres, uma outra sobre Platão e ainda uma sobre o socialismo.

vinte e nove anos de idade, como um homem do passado, ligado aos antigos costumes: "É também absolutamente impensável querer lançar as mulheres na luta pela vida à maneira dos homens. Deveria eu, por exemplo, considerar minha doce e delicada querida como uma concorrente? Neste caso, acabaria por lhe dizer ... que a amo e que ponho tudo em jogo para retirá-la dessa concorrência e que lhe atribuo como domínio exclusivo a pacífica atividade de meu lar. É possível que uma nova educação sufoque todas as qualidades delicadas da mulher, sua necessidade de proteção, que absolutamente não impede suas vitórias, de maneira que ela possa, como os homens, ganhar sua vida ... . Creio que todas as reformas legislativas e educacionais fracassarão em razão de que ... a natureza decide o destino de uma mulher ao lhe dar a beleza, o encanto e a bondade. Não, sobre este ponto atenho-me à velha forma de pensar ... . A lei e o costume devem conceder à mulher muitos direitos dos quais se viu privada, mas sua situação permanecerá o que sempre foi: a de uma criatura adorada em sua juventude e de uma mulher amada em sua maturidade."[30]

Freud revive portanto por conta própria as representações clássicas da diferença sexual e das origens da procriação. Porém, contrariamente aos partidários da dominação masculina, recusa qualquer concepção do sexo e da família baseada no princípio de uma desigualdade entre os homens e as mulheres.

Partindo da ideia de que as mulheres transmitem a vida e a morte e de que os homens encarnam o *logos* separador, mesmo herdando a violência dos pais, à qual devem renunciar, Freud compreende muito melhor a revolta dos filhos

---

30 Sigmund Freud, *Correspondance 1873-1939* (Londres, 1960), Paris, Gallimard, 1967, p.87.

contra os pais do que a dos filhos contra os pais e as mães, ou dos filhos contra as mães. A rebelião das filhas contra as mães lhe parece fruto de uma amargura por não ter nascido homem, e a contra os pais lhe parece derivar de uma neurose histérica. Quanto à rebelião dos filhos contra as mães, permanece para ele *terra incognita*.[31]

Com relação às mulheres da burguesia vienense que o levaram a criar a psicanálise, ele mostrou o melhor de si: compaixão e tolerância. Mas em 1900 não soube entender o sofrimento da jovem Ida Bauer, então com dezoito anos e explorada por uma família que não merecia nenhuma indulgência.

A história desse drama familiar poderia ter sido contada por Arthur Schnitzler. Por ocasião de uma temporada em Merano, alguns anos antes do final do século, um marido fraco e hipócrita, Philipp Bauer, enganou sua mulher Katharina, dona de casa estúpida e rígida, com Peppina, a esposa de um de seus amigos, chamado Hans Zellenka. Com ciúmes, este voltou seu olhar para a filha de seu rival, Ida, então com treze anos e meio. Perseguiu-a com suas assiduidades, roubou-lhe um beijo e tentou violá-la.

Aterrorizada, ela o esbofeteou e depois contou a cena à sua mãe, a fim de que esta a transmitisse a seu pai. Este último interrogou então o marido de sua amante, que negou os fatos. Preocupado em proteger sua ligação, Philipp Bauer acusou sua filha de inventar a história. Quanto a Peppina, utilizou a adolescente para preservar a chama de seu amante. Depois de lhe ter falado de "coisas sexuais" e de lhe ter dado um livro erótico para ler, acusou-a de ser uma mentirosa.

---

31 Deveríamos ver nisso a consequência do fato de que Freud foi adorado por sua mãe e em geral pelas mulheres de sua família.

Vítima dessa trama, Ida apresentou inúmeros sintomas: convulsões, enxaquecas, tosse compulsiva, afonia, depressão, tendências suicidas. Foi então que fez uma visita a Freud, que outrora prescrevera a seu pai um tratamento antissifilítico. A terapia durou onze semanas e se encerrou com a partida precipitada da paciente.

Ao recusar as insinuações de Philipp Bauer, Freud abordara cruamente com Ida a questão da sexualidade, central na época de suas pesquisas. Através da interpretação de dois sonhos, havia explicado à moça que ela se masturbara em sua infância, que desejava inconscientemente seu sedutor, e finalmente que este era o substituto de um pai pelo qual experimentara um sentimento incestuoso recalcado. Freud enunciava assim uma "verdade" inaceitável para sua paciente. Levará mais de vinte anos para reconhecer seu erro, sem compreender que a histeria de Ida podia ser entendida de outra maneira, e não como uma inútil rebelião contra os pais. Não apenas protegeu duas figuras paternas odiosas, como ignorou a cumplicidade das mulheres que haviam feito dessa adolescente a vítima da aparente normalidade de uma ordem familiar contra a qual outras mulheres iam em breve se revoltar.[32]

A Primeira Guerra Mundial se desenrolou sob o signo da grande agonia dos Impérios centrais presas das relíquias de um feudalismo patriárquico moribundo. Guerra das nações contra as nações, ela se caracterizou sobretudo pela hecatom-

---

32 Freud fez de Ida Bauer o caso Dora e o apresentou como protótipo de um tratamento psicanalítico com uma mulher histérica. Cf. "Fragment d'une analyse d'hystérie (Dora)" (1905), in *Cinq psychanalyses*, op.cit., p.1-9 [Ed. bras.: ESB, vol.7]. O melhor comentário é o de Patrick Mahony, *Dora s'en va. Violence dans la psychanalyse*, Paris, Les Empêcheurs de Penser en Rond, 2001.

be dos filhos, dos pais e dos irmãos. As mulheres a olhavam de longe, frequentemente no espelho das cartas que recebiam do front e que, provavelmente, não conseguiam exprimir nem o horror das trincheiras, nem o instante de uma vida brutalmente interrompida pelo acaso de um projétil. As mães, as filhas, as irmãs aprenderam a prescindir dos homens cujos sofrimentos ou restos mortais recolhiam no hospital ou no cemitério. Obrigadas a trabalhar para continuarem a viver, emanciparam-se dos símbolos mais humilhantes de uma dominação masculina que lhes proibira que se misturassem à vida da cidade. Sozinhas em meio a seus semelhantes, deram então origem às crianças da geração futura, que não conheceram os pais a não ser de maneira fugaz e, a maior parte do tempo, através das lágrimas de suas mães enlutadas.

Vinte anos mais tarde, reencontrarão a guerra.

A Segunda Guerra Mundial arrastou as mulheres no combate. Desta vez, não se contentaram mais em ver os homens morrerem ou em substituí-los na retaguarda das batalhas. Na Resistência ou incorporadas, resignadas ou mudas, engajaram-se pela escrita, pela ação ou pelo silêncio de uma falsa resignação. Foi assim que deram prova de uma determinação que, até então, havia sido apanágio dos homens. Pelo menos era o que se acreditava.

Longe de se limitar aos canhões e às baionetas, essa guerra foi a de uma tentativa de extermínio do gênero humano. Pois, ao atacar o judeu em sua essência, em nome do surgimento de uma raça eleita ornada com as rutilantes faíscas de um principado de carnaval, o nazismo queria aniquilar não o inimigo ou o soldado, não o chefe ou a nação, não o pai, o filho ou o irmão, mas a humanidade inteira, qualificada de subumanidade: as mulheres e os homens, os idosos e as crianças, as populações civis, os deficientes, os doentes, os loucos, os anormais, os "outros".

Esse desejo de aniquilamento foi acompanhado de uma vontade de criar em todas as suas peças uma estrutura "ariana" da família, assimilada ao ideal de uma raça pretensamente purificada de toda mácula.[33] Igualmente preocupado com a regeneração, o regime de Vichy restaurou os valores de uma virilidade paternalocentrista fundada nos símbolos mais arcaicos da França contrarrevolucionária. "Trabalho, família, pátria", eis a palavra de ordem que permitiu à "Revolução nacional" promover ao mesmo tempo uma política de natalidade que entregava à delação os "chacinadores de inocentes"[34] e um programa eugenista através das teses de Alexis Carrel,[35] adepto do aperfeiçoamento do gênero humano pela avaliação de seu "potencial" ou pela exclusão das "crianças deficientes". Em 1943, exatamente quando o movimento da Escola dos Pais difundia novas teorias educativas inspiradas pela psicanálise, Marie-Louise Giraud, culpada de aborto, era guilhotinada ao cabo de um processo sumário.

De um lado e de outro, de Auschwitz a Hiroshima, a guerra se desdobrou sob o signo de uma dialética do pertencimento e da exclusão, que as mulheres sentiram como o anúncio de um mundo novo que as incitava a tomar as rédeas do futuro de sua condição: "Que não era indiferente ser judeu ou ariano, agora eu sabia, escreverá Simone de Beauvoir em 1944; mas não percebera que existia uma condição feminina. De repente, encontrei um grande número de mulheres com mais de quarenta anos e que, através da diversida-

---

[33] Dá-se o nome de *Lebensborn* a essa experiência, iniciada por Himmler em 12 de dezembro de 1935.

[34] Era assim que o chamavam os partidários do aborto.

[35] Alexis Carrel (1873-1944), cirurgião lionês e autor de um best-seller vitalista e esoterista, *L'Homme, cet inconnu*, Paris, Plon, 1935; criou em 1941, a pedido do governo de Vichy, a Fundação para o Estudo dos Problemas Humanos. Suspenso de suas funções pela Libertação, escapou do tribunal de triagem em razão de sua idade e de problemas de saúde.

de de suas oportunidades e de seus méritos, tinham todas passado por uma experiência idêntica: haviam vivido como 'seres relativos'."[36]

Quando Simone de Beauvoir publicou *O segundo sexo*, em junho de 1949, ignorava que seu livro ia estar na origem, via um longo desvio pelo continente norte-americano, de uma nova maneira de formular a questão da diferença dos sexos. Ignorava isso de tal forma que em 1968 descobriu esse feminismo do gênero e do sexo do qual havia sido, com esse livro inaugural, a primeira grande inspiradora.[37]

Pela primeira vez, e quando as mulheres acabavam de conquistar na França o direito ao voto, uma mulher escritora e filósofa tecia um laço entre as diversas teorias da sexualidade feminina oriundas da revisão freudiana e das lutas pela emancipação. Beauvoir citava efetivamente os principais textos do corpo psicanalítico. Além disso, seu livro era também um imenso comentário crítico de todas as teorias da sexualidade elaboradas pelos homens visando perenizar sua dominação sobre o corpo das mulheres.

Desde sua publicação, *O segundo sexo* causou escândalo. Não por seu conteúdo, de uma pujante erudição, mas porque fora escrito por uma mulher e invertia o olhar que o gênero humano havia lançado sobre o sexo e o corpo das mulheres até então. Uma mulher falava aos homens e às mulheres desse mistério da sexualidade feminina, que valera a Tirésias seu castigo. Beauvoir estudava a sexualidade das mulheres sob todas as suas formas levando em conta não apenas a realidade biológica, social e psíquica das práticas sexuais, mas também

---

36 Simone de Beauvoir, *La Force de l'âge* (1960), Paris, Gallimard, col. Folio, 1991, p.654. [Ed. bras.: *A força da idade*, Rio de Janeiro, Nova Fronteira, esgotado.]

37 A maior parte dos trabalhos americanos sobre o gênero e o sexo por mim mencionados teve como ponto de partida o livro de Simone de Beauvoir.

os mitos fundadores da diferença aos quais associava uma abordagem da vida privada. E, como Freud, que recebera uma chuva de injúrias ao ousar falar da sexualidade infantil, foi obrigada a enfrentar uma explosão de ódio: "frígida", "ninfomaníaca", "lésbica", "mal-amada". François Mauriac chegou a escrever a um colaborador dos *Temps Modernes*: "Aprendi tudo sobre a vagina de sua patroa".[38]

Sem citar muito Melanie Klein, e sem compreender direito a discussão interna que opunha entre si os herdeiros de Freud, Beauvoir criticava os psicanalistas por calcar o destino feminino em cima daquele, um pouquinho modificado, do homem. E afirmava a existência de um *segundo sexo*: "Não se nasce mulher, torna-se mulher."[39] A fórmula exprimia intensamente essa dialética do ser e da subjetividade que a fenomenologia husserliana, depois heideggeriana, levara à incandescência. Assim como para Sartre o antissemitismo não era um problema judeu, para Beauvoir a questão feminina não era da alçada das mulheres, mas da sociedade dos homens, única responsável a seus olhos por sua sujeição a ideais masculinos. Com esta frase, respondia de fato à famosa fórmula de Freud tirada de Napoleão. O destino, dizia ela em substância, *não é a anatomia*, pois o sexo das mulheres é uma questão política...

Beauvoir fazia da sexualidade feminina uma diferença, à maneira da escola culturalista americana, de Ruth Benedict a Margaret Mead: a cada cultura seu tipo psicológico, a cada grupo sua identidade, a cada minoria seu *pattern*. De modo que a sociedade inteira não passa da soma de suas diversas

---

38 Cf. Josyane Savigneau, "Simone de Beauvoir et le deuxième sexe", *Le Monde*, 5 fev 1985.
39 Esta frase é enunciada no primeiro capítulo da segunda parte do *Segundo Sexo*, intitulada "Infância". Cf. Simone de Beauvoir, *Le Deuxième Sexe*, vol.II, Paris, Gallimard, 1949, p.13. [Ed. bras.: *O segundo sexo*, Rio de Janeiro, Nova Fronteira, 2 vols., 2001-2.]

comunidades: as crianças, os judeus, os loucos, as mulheres, os negros etc.

Contudo, conferia um conteúdo existencial a essa diferença: o feminino permanecia a seu ver um devir perpétuo que não se enraizava nem no social, nem no inconsciente, nem no biológico, mas que se *construía* de forma dialética no vivido do sujeito, em sua consciência. A mulher era *Outro*, o outro do homem, alienada na imagem que a sociedade masculina lhe remetia dela mesma. Sob esse aspecto, Beauvoir negava a existência do inconsciente freudiano. Não apenas o considerava uma instância biológica que obstrui a liberdade humana, como lhe atribuía um valor universal que a seu ver excluía a *diferença* feminina.

O segundo sexo não deixava de lado nem a noção de construção identitária, nem a de estrutura simbólica. Mas situava a construção da identidade feminina do lado da cultura e não da natureza, chegando a negar a importância da diferença biológica dos sexos. Como consequência, pensava essa construção em função de uma pura relação de alteridade.

Por essa época, Beauvoir abordou o debate sobre a dualidade da natureza e da cultura lançado por Claude Lévi-Strauss nas *Estruturas elementares do parentesco*, publicado na mesma data e a propósito do qual ela redigiu um comentário elogioso. Ao aplicar o método estrutural, Lévi-Strauss trazia um esclarecimento inédito à questão da universalidade da proibição do incesto, que tanto dividira etnólogos ingleses e americanos desde a publicação de *Totem e tabu* por Freud em 1912. Mostrava que essa proibição consumava a passagem da natureza à cultura conservando da primeira seu caráter formal e da segunda sua regra no seio de fenômenos que dela não dependem prioritariamente.[40]

---

40 Claude Lévi-Strauss, *Les Structures élémentaires de la parenté*, op.cit.

Ao fazer de si a teórica do vivido existencial das mulheres e da feminilidade, Beauvoir mobilizava também suas lembranças e sua experiência amorosa. De fato, redigiu *O segundo sexo* no momento que ela mesma alcançava uma nova vida sexual em sua relação com Nelson Algren. Aliás, este desempenhou papel determinante na elaboração de seu pensamento. Não somente a iniciou na literatura americana — particularmente na vida das mulheres negras —, como a fez experimentar os dilaceramentos da paixão, do sexo e do amor.

"Para a mulher, dizia Beauvoir, o amor é uma total renúncia em benefício de um senhor."[41] Assim, essa mulher independente descrevia situações que pareciam totalmente estranhas à sua. Falava da alienação das mulheres na ordem patriarcal masculina, na ordem biológica, ao passo que se propiciara a liberdade de escolher seu destino. Beauvoir, como sabemos, nunca quis renunciar ao amor que dedicava a Sartre — seu mestre em filosofia — do qual era ao mesmo tempo mãe, irmã e companheira, e recusou-se a se casar com um homem que desejava mas cujas produções literárias não apreciava em nada.

Em sua vida como em seu livro, Beauvoir separava a feminilidade da maternidade, o ato carnal da procriação, o desejo da reprodução. Longe de remeter as mulheres a seu estado de mãe, chegava inclusive a recusar a ideia de que a maternidade fosse outra coisa que não uma coerção ligada a uma insatisfação. A ideia era nova, subversiva, escandalosa. Beauvoir não foi a única a lançar um olhar novo sobre a condição feminina no dia seguinte dessa guerra de destruição em massa. Em páginas admiráveis, redigidas no exílio, Theodor Adorno apontava o quanto o nazismo transformara as relações entre as gerações e entre os homens e as mulheres, e a

---

41 *Le Deuxième Sexe*, vol.II, op.cit., p.547.

que ponto o sistema comunista fracassara em sua tentativa de revolucionar a sociedade. Mas criticava também — e de forma profética — as devastações impostas pela sociedade mercantil, globalizada e anônima, sobre a vida familiar: "A relação com os pais começa tristemente a se fragilizar. Em razão de sua impotência econômica, eles só nos dão mais medo. Antigamente nos revoltávamos contra a insistência deles em fazer prevalecer o princípio de realidade e contra seu prosaísmo, sempre pronto a se irritar com o filho que se recusava a renunciar a seus desejos .... Porém hoje esboça-se uma regressão ao cabo da qual não existe mais complexo de Édipo, embora ainda vigore o assassinato do pai. Assassinar os idosos fazia parte dos crimes simbólicos cometidos pelos nazistas. Em tais circunstâncias, se estabelece uma tardia e lúcida conivência com os pais, aquela liga entre si os condenados — perturbada somente pelo medo de nos vermos um dia, depois de estarmos nós próprios reduzidos à impotência, em melhores condições de tomar conta deles .... A violência de que são vítimas faz esquecer a violência que exerceram .... A morte da família paralisa as forças de resistência que ela suscitava. A ordem coletivista, a cuja escalada assistimos, é apenas uma caricatura da sociedade sem classes: a liquidação do indivíduo burguês à qual procede é também a da utopia que alimentava o amor materno."[42]

A essa constatação de uma inversão mortífera das gerações e de uma morte programada da família Adorno acrescen-

---

42 Theodor Adorno, *Minima moralia*, op.cit., p.18-9. Encontramos a mesma temática na *Dialética do Esclarecimento*, escrita em 1947 com Max Horkheimer: "A desintegração da propriedade média e o desaparecimento do sujeito econômico independente afetam a família: ela não é mais a célula outrora tão gabada da sociedade, pois não constitui mais a base da existência econômica do burguês. Para os jovens, a família não é mais o único horizonte da vida. A autonomia do pai está desaparecendo e, com ela, a oposição à sua autoridade." [Ed. bras.: *Dialética do Esclarecimento*, Rio de Janeiro, Zahar, 1985.]

tava aquela, que lhe parecia ainda mais temível, do advento de uma sexualidade dessexualizada que não encontraria mais seus fundamentos no desejo, no amor ou na sublimação, mas em uma prática puramente fisiológica de satisfação das necessidades: uma espécie de pornografia puritana e higiênica. Em suma, chegava a afirmar que a humanidade de amanhã seria tomada de uma dúvida fundamental quanto à sua capacidade de se reproduzir. "A humanidade, dizia, corre o grande risco de projetar inconscientemente seu desejo de sobreviver na quimera das coisas jamais conhecidas", uma quimera semelhante à morte, marcando o "declínio de um sistema que não parece mais precisar de seus membros."[43]

Provavelmente Adorno se enganava ao imaginar que o gênero humano pudesse um dia não desejar mais se reproduzir. Depois da Segunda Guerra Mundial, em todo caso, a taxa de natalidade subiu radicalmente na maioria dos países europeus livres da violência nazista. E durante duas décadas a família permanecerá a célula de base de uma sociedade que, pela expansão demográfica, buscava conjurar os furores do passado.

Mimada, sustentada, celebrada pelo Estado, sobretudo na França, a família se tornou objeto de uma política através da qual a nação garantia doravante a seus membros um desenvolvimento e uma proteção sem precedentes na história da humanidade.[44] Tudo se passava efetivamente como se, no exato momento em que as mulheres despertavam lentamente do longo sono de sua sujeição, a família fosse ameaçada de ser ela própria destruída, de dentro, à força de alimentar interes-

---

43 Theodor Adorno e Max Horkheimer, *La Dialectique de la raison*, op.cit., p.255.
44 Retomado em 1958, o preâmbulo da Constituição francesa de 1946 precisa: "A nação garante ao indivíduo e à família as condições necessárias a seu desenvolvimento."

ses contrários à eclosão da nova identidade feminina. Convinha portanto reconsiderá-la, consolidá-la, planejá-la, rearrumá-la, a fim de que não desabasse. Nessa perspectiva, os Estados substituíram a autoridade duplamente enfraquecida do pai e da mãe. As instituições educativas, sociais, médicas e culturais organizaram a vida privada de cada um para fazer da família o núcleo normativo de uma individualidade cidadã e democrática.

Desse ponto de vista, Adorno não se enganara acerca nem do advento de uma sexualidade dessexualizada — que levará ao culto contemporâneo da pornografia —, nem do futuro de uma possível recusa da transmissão da vida por parte das mulheres. Pois, ao longo de todo o processo de revalorização familiar ao qual se assistiu até 1960, um fosso irreversível parece ter se cavado, pelo menos no Ocidente, entre o desejo de feminilidade e o desejo de maternidade, entre o desejo de gozar e o dever de procriar.

Em outras palavras, quanto mais a frustração sexual diminuía, mais o divórcio se normalizava e mais a família nuclear afetiva se reduzia a uma "díade conjugal"[45] incessantemente recomposta. Achou-se então que a célula familiar, já em ruínas, ia se extinguir à força de ser rejeitada por seu poder repressivo: "Famílias, eu vos odeio! Lares fechados; portas cerradas; possessões invejosas da felicidade." Este juízo extraído dos *Frutos da terra*[46] serviu de emblema para uma revolução dos costumes que consistiu ora em desejar, ora em temer a morte da família.

---

45 Edward Shorter, *Naissance de la famille moderne*, op.cit., p.339.
46 André Gide, *Les Nourritures terrestres*, Paris, Gallimard, 1917. Cf. também "O futuro pertence aos bastardos. Que significação nesta expressão 'um filho natural!' Sozinho, o bastardo tem direito ao natural." (*Journal des faux-monnayeurs*, Paris, Gallimard, 1925.)

7
O poder das mães

Freud excluía a ideia de que seria possível uma separação entre o feminino e o materno, entre o ser mulher e a procriação, entre o sexo e o gênero. E no entanto aceitou considerar essa eventualidade, até mesmo com ela se confrontar, na exata medida em que criara as ferramentas teóricas capazes de a conceitualizar. Mas não tentou nem integrá-la à sua interpretação da civilização, nem mesmo imaginar que a civilização um dia pudesse aceitá-la sem naufragar no caos.

Sob esse aspecto, aderia à injunção socrática enunciada por Platão e em parte retomada pela história da metafísica ocidental: "Que se obedeça à natureza no acasalamento destinado à procriação; que não se toque no sexo viril; que não se mate deliberadamente a raça humana; que não se lance deliberadamente a semente entre as rochas e as pedras onde ela jamais se enraizará de maneira a reproduzir sua própria natureza; que se se abstenha enfim, no campo feminino, de qualquer labor que se recuse voluntariamente à fecundação. Caso tal lei adquira permanência e força, a mesma força que tem agora e que proíbe todo comércio entre pais e filhos, e caso, em outros comércios, obtenha, como deve, a mesma vitória, ela será mil e mil vezes benfazeja."[1]

---

1 Platão, *Les Lois*, VIII, 838-9, in *Œuvres complètes*, vol.II, Paris, Gallimard,

Vemos então por que a hostilidade ao princípio da família patriarcal que se concretizou com a revolta antiautoritária dos anos 1960-75, tanto nos campus americanos como nas universidades europeias, tomou o aspecto de um questionamento radical do edipianismo psicanalítico. É preciso dizer que este valorizava cada vez mais a psicologia do complexo em detrimento de uma reflexão sobre o trágico. Da mesma forma tornara-se o dogma de uma espécie de conservadorismo, decerto adaptado às normas da família restrita da primeira metade do século mas pouco capaz de dar conta da nova realidade das relações entre os sexos cujas primícias Simone de Beauvoir percebera.

Transposta para a época moderna, a soberba injunção de Platão, que pleiteava, como Freud, que não se disseminasse absolutamente o um no múltiplo, o universal nas diferenças, pareceu tão ridículo quanto os gritos angustiados dos partidários da antiga ordem patriarcal preocupada, diante da escalada do feminismo, em restaurar os valores viris de uma sociedade deplorada por se ter entregue à revolta de uma juventude que não conhecera a guerra e que se recusava a se engajar, primeiro na Argélia, no Vietnã depois. E, à medida que essa juventude do mundo ocidental contestava o fundamento das guerras coloniais, do racismo, da xenofobia, do universalismo dos

---

col. Bibliothèque de la Pléiade', 1950, p.955 [Ed. bras.: *As leis*, Rio de Janeiro, Ediouro, 1999]. Jacques Derrida retraduziu e comentou essa passagem em um texto célebre, "La pharmacie de Platon" (1968) [Ed. bras.: *A farmácia de Platão*, São Paulo, Iluminuras, 1991]. Em um capítulo intitulado "La scène de famille", mostrou que existiam em Platão dois usos possíveis do esperma na relação pai/filho. De um lado, o sêmen paterno (ao mesmo tempo falo e *logos*) rege as leis da descendência na cidade, e, de outro, ele se dissemina quando o pai gera um filho parricida que se destrói na contestação mortífera da ordem paterna: "O sêmen deve portanto se submeter ao *logos*. E se tornar assim violência, pois a tendência natural do esperma se opõe ao *logos*." (*La Dissémination*, Paris, Seuil, 1972, p.178.)

direitos do homem, ou ainda das modalidades tradicionais da transmissão dos saberes, era acusada de espezinhar a autoridade dos professores, das nações, da pátria. A ordem simbólica parecia evaporar como outrora se dissolvera a soberania de Deus pai. Não se quis entender que essa juventude reivindicava uma outra autoridade, uma nova ordem simbólica, uma nova lei do mundo e do desejo, capazes de responder às mutações da família que surgiam na vida social.

E como se via claramente que as mulheres iam progressivamente dominar os processos de procriação, acusaram-nas, mais uma vez, de serem as responsáveis por uma supressão das diferenças que atentava contra a essência mesma da célula germinadora do homem.

Pois agora elas *tocavam* no sêmen masculino, como outrora Damiens *tocara* o corpo do rei. As mulheres tornaram-se assim, fantasisticamente, tão criminosas quanto haviam sido outrora os regicidas e os parricidas. No entanto, apesar das aparências, deviam seu novo poder menos à sua feminilidade do que a uma inversão da ordem procriadora que logo as reconduziu ao reino do materno.

Desde sempre, os homens, incapazes de reproduzirem eles mesmos os seus semelhantes, tiveram que aceitar recorrerem às mulheres para fabricar seus filhos e lhes transmitir seu nome. Obrigados a lhes confiar essa tarefa, haviam cuidadosamente regulamentado e dominado o corpo de suas companheiras, particularmente pela rejeição dos "bastardos" gerados por eles pela instituição do casamento, que supunha, como vimos, que a mulher fosse absolutamente fiel. E eis que agora elas lhes escapavam reivindicando o direito ao prazer, negligenciando seu dever procriador.[2] Não se contentavam

---

2 Cf. Françoise Héritier, "Les hommes peinent à accepter que les femmes soient leurs égales", entrevista com Blandine Grosjean, *Libération*, 18 ago 2001.

mais em olhar a história como espectadoras, eram suas heroínas ativas, às vezes tão cruéis quanto os homens.

Assim parecia se realizar a ideia, perfeitamente encenada por Proust, segundo a qual a experiência amorosa dos homens os leva não a uma fusão com o objeto de seu desejo, mas à impossibilidade de qualquer união plenamente consumada. E, para designar essa ausência de plenitude e de complementaridade entre os sexos, que agora aparecia no real, Lacan extraiu de Drieu La Rochelle uma observação da qual fará um aforismo: "A Mulher não existe."[3] Ela é "não-toda", dirá, nem uma natureza, nem uma categoria, nem uma totalidade, nem uma cultura. Ela nunca é, para o homem, no mesmo momento, nem no mesmo instante, o que se acredita que poderia ser. Do mesmo modo escapa a qualquer programação por um gozo ilimitado fronteiriço à morte. Lacan, como sabemos, sempre preferiu Antígona a Édipo e a Creonte, o ilimitado do heroísmo feminino — fosse o do êxtase ou da perda — à razão de Estado ou à rebelião dos filhos contra os pais. Daí sua convicção de que a família não passava da expressão social de uma desordem psíquica perfeitamente organizada em aparência, mas incessantemente destruída a partir de dentro.

Foi logo depois da Segunda Guerra Mundial que as técnicas de regulação dos nascimentos substituíram progressivamente o *coitus interruptus* e o uso dos preservativos masculinos. Seja com a ajuda do planejamento familiar ou recorrendo às diferentes técnicas destinadas a impedir a fecundação — disposi-

---

3 Foi Christian Jambet que observou que esta fórmula foi extraída por Lacan de Drieu La Rochelle. Cf. "La femme n'existe pas", *La Revue des Deux Mondes*, jul-ago 2000, p.81-6; e Jacques Lacan, *Le Séminaire*, livre XX: *Encore* (1972-73), op.cit., p.68.

tivos intrauterinos, pílula, aborto —,[4] as mulheres conquistaram, ao preço de lutas difíceis, direitos e poderes que lhes permitiram não apenas reduzir a dominação masculina, mas inverter seu curso. Seus corpos se modificaram juntamente com seus gostos e suas aspirações.

Já em 1899 Émile Zola se alarmara ao ver os critérios de apreciação da beleza feminina evoluírem: "A ideia de beleza varia, dizia, vocês a colocam na esterilidade da mulher de formas longas e delgadas, de quadris estreitos." Mais tarde, os médicos denunciaram "o eclipse do ventre", que causava furor nos salões da *belle époque*. Quanto aos vestidos "garçonnières" dos anos loucos, símbolo do "desdém moderno pela maternidade", suscitaram a reprovação dos juízes e dos censores, ligados ao ideal opulento das antigas matronas.[5]

Essas mudanças não eram nada em relação àquelas que se produziram durante a segunda metade do século XX. A generalização de novas regras estéticas impostas pelo mercado da moda e a domesticação padronizada das aparências corporais

---

4 Em 1955 o aborto dito "terapêutico" foi autorizado na França no momento em que, nos Estados Unidos, Gregory Pinkus aperfeiçoava a pílula anticoncepcional. Um ano mais tarde, Marie-Andrée Lagroua-Weill-Hallé fundava o Movimento da Maternidade Feliz, que se tornará, em 1963, o Movimento para o Planejamento Familiar, ligado à Federação Internacional do mesmo nome. Em 1967, sob o impulso de Lucien Neuwirth, uma lei foi votada autorizando a contracepção. Finalmente, em 1975, Simone Veil conseguiu colocar em votação uma lei sobre a interrupção voluntária da gravidez (IVG). No mesmo ano, a lei sobre o divórcio foi modificada pela introdução do procedimento dito de "consentimento mútuo", que levará à abolição da noção de "erro". Durante esse período, e até o final do século, leis similares foram votadas na Europa, nos Estados Unidos e em diferentes países da área ocidental. Sobre todas essas questões, pode-se consultar a obra de Janine Mossuz-Lavau, *Les Lois de l'amour. Les politiques de la sexualité en France (1950-1990)*, Paris, Payot, 1991.
5 Cf. Philippe Perrot, *Le Travail des apparences. Le corps féminin, XVIIIe-XIXe siècle* (1984), Paris, Seuil, col. Points, 1991, p.196.

contribuíram, até mesmo em seus excessos, para uma verdadeira revolução da condição feminina. Nesse contexto, as mulheres se preocuparam mais com sua imagem e em garantir um papel social que lhes permitisse mascarar sua interioridade afetiva. Foram então menos rebeldes, menos histéricas, menos depressivas. Logo se afirmou que elas se "masculinizavam" e que os homens se "feminilizavam", e deduzia-se que os filhos dessas mulheres "viris" e desses homens "andróginos" não conseguiriam nunca garantir para si uma identidade estável.[6] Todas essas metamorfoses não faziam senão traduzir as angústias de um mundo abalado por suas próprias inovações.

Instaurado como um direito pelos revolucionários em 1792, restrito pelo Código Napoleão em 1804, proibido sob a Restauração a partir de 1816, restabelecido finalmente pela República em 1884, o divórcio sempre foi condenado moralmente pelos conservadores, que temiam que sua propagação resultasse na morte da família, na abolição do sentimento da alteridade e, em última instância, no aniquilamento de toda vida social. Para os progressistas, traduzia juridicamente uma situação de fracasso, e permitia uma espécie de repúdio necessário, laicizado e recíproco. Eis por que a ideia de que pudesse ser consentido lhes parecia concebível. Ao longo dos anos, percebeu-se que a família restrita se perenizava ao preço de uma desconstrução que a afastava da instituição do casamento.

Considerado um sacramento pelo direito canônico,[7] depois como necessário à legitimação dos cônjuges e de seus

---

6 Élisabeth Badinter analisa os mecanismos dessa transformação em duas obras pioneiras: *L'un est autre*, Paris, Odile Jacob, 1986; *De l'identité masculine*, Paris, Odile Jacob, 1992.

7 "A aliança matrimonial, pela qual um homem e uma mulher constituem entre si uma comunidade para toda vida, organizada por seu caráter natural

filhos no direito laico, o casamento perdeu efetivamente sua força simbólica à medida que aumentava o número dos divórcios. Como podia ele continuar a encarnar o poder do vínculo familiar se este já não era mais indissolúvel? De fato, foi cada vez mais assimilado a um rito festivo que acontecia não mais como ato fundador de uma célula familiar única e definitiva, mas como um contrato mais ou menos duradouro entre duas pessoas.

Daí o surgimento da noção de "família recomposta", que remete a um duplo movimento de dessacralização do casamento e de humanização dos laços de parentesco. Em lugar de ser divinizada ou naturalizada, a família contemporânea se pretendeu frágil, neurótica, consciente de sua desordem, mas preocupada em recriar entre os homens e as mulheres um equilíbrio que não podia ser proporcionado pela vida social. Assim, fez brotar de seu próprio enfraquecimento um vigor inesperado. Construída, desconstruída, reconstruída, recuperou sua alma na busca dolorosa de uma soberania alquebrada ou incerta.[8]

E se alguns filhos podiam doravante ser educados sob a autoridade de dois pais e duas mães, e sob o mesmo teto que seus meios-irmãos ou suas meias-irmãs, isso significava que outros filhos, vivendo com um único pai, não tardariam a ser vistos, sem pudor, como sujeitos totalmente à parte. Apelidadas antigamente de "bastardas", estas crianças foram chamadas "naturais", depois integradas à norma de uma nova ordem familiar recomposta.

---

para o bem dos cônjuges assim como da geração e da educação dos filhos, foi promovida entre batizados pelo Cristo Senhor à dignidade de sacramento." (*Code de droit canonique bilingue et annoté*, Montreal, Wilson & Lafleur Itée, 1999, p.1054.)
8   Cf. Louis Roussel, *La Famille incertaine*, Paris, Odile Jacob, 1989.

Em 1975, Andrée Michel, socióloga feminista,[9] inspirou-se nas experiências da família americana para introduzir na França a expressão "família monoparental", que serviu para designar, sem estigmatizá-lo, um modelo de família "irregular", julgado entretanto mais negativo que o da parentalidade reconstruída. As "filhas mães" foram então qualificadas de "mães solteiras": "Em nossos dias, escreve Marie-Élisabeth Handman, as mães solteiras não são mais colocadas à margem da sociedade, ao passo que há menos de trinta anos eram consideradas transgressoras da obrigação de procriar imposta pelo casamento. O divórcio é atualmente corrente, ao passo que era considerado uma transgressão dos bons costumes e que, ainda nos anos 1950, as mulheres divorciadas não eram recebidas nas 'boas famílias'. Quando as aspirações de uma sociedade democrática se fazem imperativas aos olhos da maioria — ou aos olhos daqueles que defendem os próprios fundamentos da democracia ... o direito acaba por se dobrar a essas aspirações."[10]

Não apenas as mulheres haviam adquirido o poder de atentar contra o caráter sagrado do sêmen masculino, para a satisfação de um prazer distinto daquele da maternidade, como também podiam proibir efetivamente esse sêmen de realizar o dever de geração e de não disseminação que lhe havia sido confiado pela natureza. Em lugar de transmitir a vida e a morte, como haviam feito desde a noite dos tempos, podiam portanto, na aurora do século XXI, recusar, se assim o decidissem, o próprio princípio de uma transmissão. Haviam adquirido, de certa maneira, a possibilidade de se tornar estéreis,

---

9 Andrée Michel, *Sociologie de la famille e du mariage*, Paris, PUF, 1972.
10 Marie-Élisabeth Handman, "Sexualité et famille: approche anthropologique", in *Au-delà du pacs*, op.cit., p.260-1. O termo "coparentalidade" impôs-se em 1970, com a lei sobre a partilha da autoridade parental. Cf. cap.5 deste volume: "O patriarca mutilado".

libertinas, namoradas de si mesmas, sem incorrer nos riscos de uma condenação moral ou de uma justiça repressora.

Mas podiam igualmente controlar o número dos nascimentos e se recusar a colocar no mundo, da puberdade à menopausa, um número ilimitado de filhos. Assim como os homens, podiam também procriar filhos de diversos leitos e fazê-los coabitarem em famílias ditas "coparentais", "recompostas", "biparentais", "multiparentais", "pluriparentais" ou "monoparentais". A difusão dessa terminologia, derivada do termo "parentalidade", traduz tanto a inversão da dominação masculina que evoquei como um novo modo de conceitualização da família.

De agora em diante esta não será mais vista apenas como uma estrutura do parentesco que restaura a autoridade derrotada do pai, ou sintetizando a passagem da natureza à cultura através dos interditos e das funções simbólicas, mas como um lugar de poder descentralizado e de múltiplas aparências. Em lugar da definição de uma essência espiritual, biológica ou antropológica da família, fundada no gênero e no sexo ou nas leis do parentesco, e em lugar daquela, existencial, induzida pelo mito edipiano, foi instituída outra, horizontal e múltipla, inventada pelo individualismo moderno, e logo dissecada pelo discurso dos especialistas.[11]

Esta família se assemelha a uma tribo insólita, a uma rede assexuada, fraterna, sem hierarquia nem autoridade, e na qual cada um se sente autônomo ou funcionalizado. Quanto à transformação em "especialistas" de certos praticantes das ciências sociais e humanas, ela é o sintoma do surgimento de

---

11 Esse discurso da especialização foi muito bem denunciado por Michel Foucault em *Les Anormaux. Cours au Collège de France, 1974-1975*, Paris, Gallimard/Seuil, col. Hautes Études, 1999. [Ed. bras.: in *Resumo dos cursos do Collège de France*, Rio de Janeiro, Zahar, 1997.]

um novo discurso sobre a família advindo no final dos anos 1960.

Até essa data, com efeito, os políticos de Estado ocupavam-se essencialmente com problemas demográficos e epidemiológicos: natalidade ou saúde pública. Porém, com o aumento do número dos divórcios, a alta da procriação fora do casamento e a baixa da fecundidade, os pesquisadores de todas as disciplinas foram convocados à cabeceira da família que se julgava em perigo.[12] Ao mesmo tempo, viram-se no dever de intensificar todas as formas de vigilância e de observação da vida privada. Pretendeu-se então *especializar* — e não mais se contentar em escutar ou compreender — o domínio da alma e da vida psíquica, os estados mentais, as normas e os desvios. Em suma, buscou-se ter um controle sobre a banalidade da vida cotidiana decretando regras próprias para distinguir as boas maneiras de viver sua sexualidade como casal ou aconselhando os pais sobre a melhor maneira de educar o desejo infantil, com a ajuda de uma multiplicidade de referências a tal complexo ou a tal frustração. A psicologia edipiana veio assim secundar o Estado na gestão da autoridade parental. Na França, o especialista em ciências humanas e sociais assumiu, desse ponto de vista, o lugar do intelectual engajado, encarnado antes por Hugo, Zola ou Sartre.

Em toda parte, aliás, ele foi igualmente requisitado, menos por sua ética ou saber do que por sua competência dita "científica". Resumindo, esperava-se das ciências humanas o que se reclamava das ciências da natureza: uma certeza oriunda de resultados, de medidas, de cálculos ou de observações — que naturalmente elas eram incapazes, em quaisquer circunstâncias, de fornecer. Daí resultou, vinte anos mais tarde,

---

12 A esse respeito, é bem interessante o artigo de Élisabeth Zucker-Rouvillois, "L'expertise familiale ou la perte du doute scientifique", in *Au-delà du pacs*, op.cit., p.111-29.

uma espécie de desastre, hoje denunciado por aqueles mesmos que às vezes foram seus artífices.

De origem anglófona,[13] a palavra "parentalidade" (*parenthood*) se generalizou a partir de 1970 para definir o pai segundo sua "qualidade" de pai ou sua faculdade de alcançar uma função dita "parental". Com o surgimento de uma terminologia tão técnica, a configuração romanesca e mítica, que alimentara o discurso das humanidades clássicas sobre as relações entre os homens e os deuses, entre os homens e as mulheres, entre os sexos e os gêneros, entre o destino e o sujeito, veio naufragar num universo funcionalista de onde fora evacuado todo sentido do trágico. Como compreender os Átridas, ou os Labdácidas, *O pai Goriot*, *Madame Bovary*, Jean Valjean ou o narrador de Marcel Proust a partir de tais representações do campo social que reduzem a família a um empreendimento de planejamento jurídico-comportamental? Conceber projetos parentais, definir programas de fecundação, circunscrever atitudes sexuais boas ou más: são estes os novos valores da família pretendidos pelos especialistas e adotados pelo consumismo das classes médias?

De fato, essa atitude positivista, que atualmente busca controlar a desconstrução espontânea da família ocidental, deve ser vista como uma reação à grande onda de contestação antiautoritária e antifamiliarista dos anos 1965-75.

Longe de opor o espírito da família à razão de Estado, os estudantes rebeldes dos anos incandescentes recusaram, num mesmo movimento, o familiarismo e os princípios estatais da burguesia capitalista. E quando, em 1967, a trupe do Living Theatre encenou a história de Antígona, revista e corrigida por Bertolt Brecht, transformou a peça em uma celebração

---

13 Cf. Esther N. Goody, *Parenthood and Social Reproduction*, Cambridge, Cambridge University Press, 1982.

sagrada da ética libertária. Interpretada por Judith Malina, a filha de Édipo e de Jocasta encarnava a desobediência civil americana face a Creonte (Julian Beck), general em chefe de um exército imperialista conduzido por uma massa de atores nus que mimetizavam o frenesi de uma cena de transe. Considerado um desertor, Polinice tornava-se o herói de uma guerra vitoriosa contra o velho mundo ocidental, que ele conseguira destruir ao pactuar com o inimigo. À apologia da luta anticolonialista mesclava-se o grande sonho pacifista de uma abolição definitiva de todas as formas possíveis de soberania. Mas o risco estava em ver Antígona se metamorfosear em uma figura soberana do terror negro, semelhante àquela que Lacan revisitara, alguns anos antes, para designá-la como um desafio à lei do pai de natureza "canibal".[14] Não se tratava mais simplesmente de odiar a família para melhor revalorizá-la, mas de devorá-la em seus fundamentos e em sua carne dançando sobre seu cadáver.[15]

Em seu *Anti-Édipo*, cujo sucesso será considerável junto à geração contestadora, Gilles Deleuze e Félix Guattari atacam o pilar essencial da doutrina psicanalítica: o famoso complexo. Mas longe de brandir o archote da interrogação trágica, retomado por Freud e Lacan, criticavam o dogma familiarista da corporação psicanalítica dos anos 1970. E essa crítica se fazia por demais necessária! O inconsciente, diziam em substância, não é nem um teatro, nem uma cena trágica, nem uma estrutura, mas uma usina, uma máquina desejante, um delírio composto de fluxos múltiplos que a psicanálise aprisiona nos grilhões de um complexo semelhante a um hospício, a uma escola, a uma polícia, a uma prisão.

---

14 Cf. Philippe Lacoue-Labarthe, *L'Antigone de Sophocle*, Paris, Bourgois, 1978. Reencontramos esse tema no romance de Philippe Roth *Pastorale américaine*, Paris, Gallimard, 1999.
15 Cf. George Steiner, *Les Antigones*, op.cit.

A revolução, explicavam Deleuze e Guattari, devia se dar por tarefa libertar o desejo da grande clausura à qual o haviam condenado a psicanálise e as ciências sociais e humanas erigidas em discurso do mestre. Também era preciso libertar o homem de seus entraves libertando a loucura de seus grilhões a fim de restituir ao mundo um aspecto dionisíaco. E a essência deste se encontra na esquizofrenia, esta loucura da errância pela qual o inconsciente perambula entre as raças, os continentes, as pulsões: "Inesgotável e sempre atual, o disparate de Édipo. Diz-se que os pais morreram 'ao longo de milhares de anos' (certo, certo...) e que a interiorização correspondente da imagem paterna se produziu durante o paleolítico até o início do neolítico, 'há oito mil anos aproximadamente'. Ou se faz história ou não se faz, mas de fato, quanto à morte do pai, a notícia não corre célere ... . Deus morto ou não, o pai morto ou não, isso dá no mesmo, uma vez que a mesma repressão e o mesmo recalcamento se processam, aqui em nome de Deus ou de um pai vivo, ali em nome do homem ou do pai morto interiorizado."[16]

O poema deleuziano fazia o elogio de Artaud, de Hölderlin e de Nietzsche, mas esquecia que a tragédia da loucura comum não tem muita coisa a ver com as profecias encantatórias de Zaratustra. O espírito libertário, por mais que se ornasse de uma linguagem incandescente, não deixava de ser a expressão de uma inversão dos poderes, tão limitada quanto utópica.[17]

Entretanto, esse antiedipianismo maquínico funcionou como o revelador de uma reviravolta profunda da sociedade, que anunciava o triunfo do múltiplo sobre o um e da desor-

---

16 Gilles Deleuze e Félix Guattari, *L'Anti-Œdipe*, op.cit., p.126.
17 Encontramos a mesma temática na obra de David Cooper *Mort de la famille* (1971), Paris, Seuil, 1972. [Ed. bras.: *A morte da família*, São Paulo, Martins Fontes, 1994.]

dem normalizada sobre a simbolização trágica: uma cultura do narcisismo e do individualismo, uma religião do eu, uma preocupação com o instante, uma abolição fantasística do conflito e da história.

À forte contestação dessa década antiedipiana, anticapitalista e libertária, sucedeu-se um retorno à norma centrada em busca da reconstrução de si. E essa passagem de um Édipo renegado para um Narciso triunfante afirmou-se inicialmente nas comunidades terapêuticas da costa californiana. Foi em seguida analisada pelos sociólogos, os psicanalistas ou os filósofos — de Heinz Kohut a Christopher Lasch em particular — como um fenômeno de desilusão ligado à perda do engajamento político. Se Édipo fora para Freud o herói conflituoso de um poder patriarcal decadente, Narciso encarnava agora o mito de uma humanidade sem interdito, fascinada pelo poder de sua imagem: um verdadeiro desespero identitário.[18]

Não podendo aceitar nem a velhice nem a transmissão genealógica, Narciso, como sabemos, prefere pôr fim a seus dias para não perder o que outros depois dele poderiam receber. À diferença de Édipo, que se pune para que a cidade viva, ele se dobra em um encerramento trágico, mas protetor.

É nesse contexto que aparecem as primeiras experiências de homoparentalidade. Forjado sobre o mesmo modelo que os outros termos designativos das novas formas de "parentalidade", a palavra era prova no entanto de uma prática radicalmente nova da geração e da procriação. Desse ponto de vista, traduzia um duplo movimento, ao mesmo tempo transgressor e normalizador. De um lado caía no ridículo o princípio da diferença sexual sobre o qual repousava até o presente a

---

18 Cf. Heinz Kohut, *Le Soi* (Nova York, 1971), Paris, PUF, 1991; e Christopher Lasch, *La Culture du narcissisme* (1979), Paris, Climats, 2000. Já evoquei essa questão em *L'Analyse, l'archive*, Paris, Bibliothèque Nationale de France/Seuil, 2001.

célula familiar, e, de outro, esta era reivindicada como uma norma desejável e desejada. Pela primeira vez no Ocidente, mulheres e homens homossexuais pretendiam prescindir do coito vaginal para fundar uma família. Não apenas não execravam uma ordem antes julgada alienante como não recalcavam mais o desejo de procriar filhos com uma pessoa de sua escolha. Fascinante atualização daquele *romantic love* que pusera fim às antigas tradições dos casamentos arranjados![19]

Para avaliar o acontecimento, é indispensável retraçar a história dos progressos da inseminação artificial, que abriu caminho, no domínio da procriação, para uma possível substituição das relações sexuais por uma intervenção médica.

A partir de 1950, no momento em que as técnicas de contracepção científica sucediam lentamente às antigas práticas espontâneas, os primeiros tratamentos contra a esterilidade foram aperfeiçoados,[20] permitindo congelar o sêmen masculino no caso de um tratamento médico devastador (quimioterapia anticancerígena) resultar, num futuro pai, em uma esterilidade definitiva. Pela técnica dita da inseminação artifi-

---

19 Essa questão será tratada no cap.8: "A família do futuro".

20 A fecundidade é a materialização da procriação através da concepção real de um filho, ao passo que a fertilidade é uma potencialidade, uma aptidão para conceber que só se realiza com a fecundação, processo biológico pelo qual se realiza a fusão entre células masculinas e femininas chamadas gametas. Os gametas masculinos são carregados pelo esperma, composto de espermatozoides, e os gametas femininos, pelo óvulo. Ao se encontrarem, formam um ovo que se transformará num embrião, depois num feto. O ovócito é um gameta feminino que ainda não chegou à maturidade. Chama-se "esterilidade" uma infertilidade ligada, nos homens e nas mulheres, a razões orgânicas. Entende-se por "procriação" o fato de produzir e fazer nascer uma criança, e por "parto" o ato de colocar um filho no mundo. A palavra "geração" ou "engendramento" designa a procriação masculina, e tende a se confundir com "filiação", de ordem simbólica ou jurídica.

cial interconjugal (IAC), pôde-se então promover o nascimento de crianças com ajuda de uma ampola na qual eram colocados os espermatozoides que entravam em contato com a gala do colo uterino no momento da ovulação.

Pela primeira vez na história da humanidade, a ciência substituía o homem, trocando um ato sexual por uma atitude médica. Até então, a contracepção permitira às mulheres conhecerem o prazer sem risco de procriarem; graças à medicalização dessa procriação, podiam-se fabricar livremente filhos sem prazer, até mesmo sem desejo. Mas nada ainda havia colocado em questão a filiação biológica, e a criança nascida dessa maneira tinha como pai e como mãe seus verdadeiros genitores.

Em 1970, quando a IAC se revelou ineficaz diante de uma esterilidade masculina total, começou-se a substituir o sêmen enfraquecido por um outro, anônimo, proveniente de um terceiro que não era o genitor. Chamou-se então "procriação médica assistida" (PMA), ou "assistência médica à procriação" (AMP), a esta nova técnica de inseminação artificial com doador (IAD).[21] Depois aperfeiçoou-se a fecundação *in vitro* com transplante (FIVET), que permitia tratar as esterilidades femininas ligadas sobretudo às doenças das trompas. Nesse caso, a fecundação com o sêmen do pai ou com um doador anônimo era realizada em uma proveta, e portanto fora do corpo da mãe, Depois da fecundação, o ovo era reimplantado no útero materno. Duas crianças nasceram graças a essa técnica: Louise Brown, na Inglaterra, em 1978; Amandine, na França, quatro anos mais tarde. Seus pais e mães eram também seus genitores.

---

21 No mundo anglófono, emprega-se a expressão "procriação artificial com doador" (*artificial procreation*). Cf. Geneviève Delaisi de Parseval e Alain Janaud, *L'Enfant à tout prix* (1983), Paris, Seuil, col. Points, 1985; e Geneviève Delaisi de Parseval e Pierre Verdier, *Enfant de personne*, Paris, Odile Jacob, 1994.

Se agora se era capaz de prescindir do ato sexual para fabricar filhos, e se se sabia reproduzir a fecundação fora do corpo da mãe e com a ajuda de um sêmen que não era o do pai, isso queria dizer que a instituição do casamento devia ser totalmente repensada. Pois esta repousava na ideia de que o ato sexual tem como corolário a procriação, e que a paternidade social é inseparável da paternidade biológica. Ora, a contracepção, de um lado, e a procriação médica assistida, de outro, pareciam trazer um desmentido flagrante a toda aquela herança judaico-cristã sobre a qual se construíra a família moderna. Não apenas o pai genitor arriscava ser reduzido a um sêmen como deixava de ser "desconhecido". Seu nome, que desde sempre imprimira no corpo da criança a marca de sua soberania simbólica, não servia mais como prova irrefutável de uma paternidade agora "comprovada" pela ciência.

Quanto à mãe, esse grande receptáculo de todas as fantasias nutridoras, via-se despossuída por uma proveta da origem corporal da fecundação. Além disso, estava em vias de se tornar desconhecida no exato momento em que o pai deixava de sê-lo. Com efeito, já se previa que a doação do sêmen masculino podia um dia ser complementada por aquela dos óvulos, no caso de uma mulher não estar em condições nem de procriar nem de carregar uma criança. A noção de "mãe de aluguel" ou de "mãe de empréstimo" inaugurava seu percurso.

A ideia de conservar o sêmen masculino remontava a Paolo Mantegazza, que criara em Pádua, em 1866, um banco de esperma para uso veterinário. Nessa época, pensava-se que um dia seria possível conservar o sêmen dos soldados que partiam para a guerra a fim de inseminar suas viúvas a título póstumo.[22] Não estava enganado. A propósito, em 1957, ao

---

22 Cf. Geneviève Delaisi de Parseval e Alain Janaud, *L'Enfant à tout prix*, op.cit., p.140.

comentar o caso de uma mulher americana que recorrera a uma inseminação artificial *post mortem* graças ao esperma congelado de seu marido, Lacan imaginava, ele também, que esse tipo de manipulação poderia um dia se realizar: "Deixo-lhes o cuidado de extrapolar — a partir do momento em que tomamos este caminho, faremos nas mulheres, daqui a centenas de anos, filhos que serão filhos diretos dos homens de gênio que vivem atualmente, e que terão sido daqui até lá preciosamente conservados em pequenos potes. Cortou-se nessa ocasião alguma coisa do pai, e da forma mais radical — e também a fala. A questão é então saber como, por que caminho, sob que modo, se inscreverá no psiquismo da criança a fala do ancestral, cujo único representante e único veículo será a mãe. Como ela fará falar o ancestral enlatado?"[23]

Em 1972 foi criado na França o Centro de Estudo e de Conservação do Esperma Humano (CECOS). Integrado à Assistência Pública, teve como missão recolher doações anônimas e gratuitas a fim de conservá-las sob forma de "palhetas"[24] e redistribuí-las para casais estéreis. A adoção do duplo princípio da gratuidade e do anonimato repousava, de um lado, na ideia de que as substâncias provenientes do corpo humano não podem em caso algum ser comercializadas e, de

---

23 Jacques Lacan, *Le Séminaire*, livre IV: *La Relation d'objet* (1956-57), Paris, Seuil, 1994, p.375-6 [Ed. bras.: *O Seminário*, livro 4, Rio de Janeiro, Zahar, 1995]. Esse roteiro é imaginável, mas impossível de realizar sob essa luz uma vez que o esperma não se conserva por mais de dez anos. Quanto à inseminação *post mortem*, que repousa ora na vontade do doador, ora na da viúva que reclama então a extração do esperma por eletroejaculação, ela é oficialmente proibida na Europa e nos Estados Unidos. Entretanto, nada impede que possa ser realizada clandestinamente. Cf. Jacqueline Flauss-Diem, "Insémination *post mortem*. Droit anglais et droit communautaire", in *Liber amicorum Marie-Thérèse Meulders-Klein. Droit comparé des personnes et de la famille*, Bruxelas, Bruylant, 1998, p.217-30.
24 Doses de esperma conservadas em recipientes com azoto líquido.

outro, no fato de que uma inseminação deve imitar a reprodução sexuada. Além de evitar toda forma de doença genética transmissível, ou toda incompatibilidade entre os grupos sanguíneos, era preciso também respeitar a lei de não consanguinidade dispondo para que o esperma de um único doador não servisse a fecundações múltiplas. Porém, acima de tudo, a nova atitude procriadora repousava em uma dissimulação da origem biológica da criança, a fim de que esta nunca pudesse saber como havia sido concebida. Como consequência, o recebedor das palhetas devia se assemelhar ao doador: mesma altura, mesma compleição, mesma cor dos olhos, mesma origem "étnica" etc. Quanto ao doador, não era absolutamente uma pessoa, mas um produtor de substâncias. Assim, nunca teve nenhum reconhecimento legal.[25]

Tudo acontecia portanto como se se estivesse misturando uma ordem procriadora fundada em uma necessidade biológica a uma ordem social mimética da natureza a ponto de simulá-la: "A AMP, escreve Marcela Iacub, é um dispositivo que se destrói uma vez consumido, que se abole a si mesmo, que não existe senão para sumir com todo rastro de sua passagem."[26] Em outros termos, a IAD seria o equivalente de um "crime sexual perfeito", uma vez que conseguiria apagar da memória dos homens os traços de seu "delito".

Dessa fusão entre duas ordens provinha a ideia segundo a qual o doador devia ser social e psiquicamente "normal". Os médicos sabiam claramente que o sêmen não transmite tais características. No entanto, preferiram escolher doadores entre os pais de família aparentemente mais bem integrados e mais preocupados com o bem-estar de seus filhos. Quanto à

---

[25] Agnès Fine, "Vers une reconaissance de la pluriparentalité?", *Esprit*, mar-abr 2000, p.40-53.
[26] Marcela Iacub, *Le crime était presque sexuel. Et autres essais de casuistique juridique*, Paris, EPEL, 2002, p.154.

IAD em si, foi reservada a casais casados (ou concubinados) e reconhecidos incapazes de procriar pelas vias naturais. Sete mil crianças foram postas no mundo nessas condições entre 1972 e 1992, e muitas outras mais depois dessa data. Não são piores nem melhores que outras, e trazem sem dúvida uma felicidade inesperada a casais antes infelizes.

Em outros países da Europa, os bancos de esperma se desenvolveram em um âmbito privado e com um objetivo de lucro. Daí uma extensão da seleção às mulheres solteiras e às lésbicas, mas também, de maneira perversa, a doadores remunerados escolhidos às vezes segundo critérios aberrantes. Nos Estados Unidos sobretudo, no momento em que se multiplicavam os trabalhos universitários sobre o sexo e o gênero,[27] foram postos à disposição dos compradores catálogos contendo listas de palhetas selecionadas segundo a religião do doador — judeu, católico, protestante —, segundo sua profissão, sua categoria social, sua identidade sexuada, ou ainda seu "nível intelectual". Foi assim que se pensou, tão seriamente quanto possível, em comercializar o sêmen dos cientistas e homens de letras que haviam recebido o prêmio Nobel.

Alguns desses projetos derivavam de uma fantasia de eternidade ou de eugenismo incestuoso, como a inseminação *post mortem* ou a doação de esperma entre pai e filho, ou entre irmãos e primos. Nos dois casos, tratava-se de conservar um ideal imaginário ligado, de um lado, à identidade de um morto cujo luto não se conseguia viver, e de outro, à transmissão de um "bom" sêmen, julgado menos perigoso para a descendência se não proviesse de um corpo estranho. Todas essas "seleções" derivavam de um sonho de geração de si em que se misturavam o poder da ciência e a cultura do narcisismo dos anos 1970.

---

[27] Sobre essa questão, ver o capítulo anterior.

Nos Estados Unidos, de seis a dez mil crianças foram geradas a cada ano depois de posta em prática a técnica da procriação médica assistida. Parecem confundir-se com as outras crianças e nada permite dizer se são piores ou melhores. As técnicas mudam como os hábitos, os costumes e as culturas, mas o amor, a paixão, o desejo, a loucura, a morte, a angústia e o crime são imutáveis.

Certas manipulações procriadoras, às quais provavelmente alguns se entregaram em segredo, a partir de 1970, resultaram em verdadeiros desastres psíquicos, cuja amplitude ninguém tem condições de avaliar. Nenhuma "perícia", como é sabido, conseguiu explicar ainda o real de uma condição humana assim destruída. Pois só um sujeito falante está em condições de testemunhar sobre a tragédia de sua existência. E provavelmente esse privilégio do pensamento reflexivo, recebido como herança pela psicanálise, é o único que o homem moderno pode hoje reivindicar num mundo agora extrapolado pela vertigem de sua própria potência.

A partir de 1985, assistiu-se a uma medicalização ainda mais completa das procriações assistidas. Todas as combinações se tornaram, se não possíveis, pelo menos pensáveis. Ao desenvolvimento da IAD e da fecundação *in vitro* acrescentou-se o da doação de óvulos e o da fabricação de embriões.[28] Quanto mais o pai era *certus* — e o era cada vez mais à medida que se legalizava a pesquisa dos traços genéticos — mais a mãe se tornava *incerta*. A ordem procriadora ficou então inteiramente reservada ao poder das mães, detentoras atualmente da responsabilidade exorbitante ora de designar o pai, ora de o excluir.[29]

---

28 Estima-se em menos de 20% o índice de êxito dessas tentativas, que às vezes podem levar anos.

29 O leitor verá com interesse as páginas dedicadas por Marcela Iacub a esse poder jurídico-biológico das mães contemporâneas. Cf. *Le crime était presque*

Atualmente, com efeito, uma mulher pode muito bem "furtar" o sêmen de um homem no curso de um ato sexual sem que este tenha o menor direito sobre o filho assim concebido à sua revelia. Mas, inversamente, a mesma mulher pode realizar o mesmo ato para reclamar indenização financeira do homem que se recuse a um reconhecimento de paternidade conjunta. De seu lado, os homens não podem evitar tais situações a não ser utilizando um preservativo, mas a falha eventual deste nunca poderá ser reparada, uma vez que a decisão de abortar pertence exclusivamente às mulheres. Isso explica por que certos homens, aterrorizados por esse perigo, recorrem, sobretudo na Alemanha, a uma solução extrema: a esterilização de seu poder de gerar. Podem ao mesmo tempo acompanhar esse gesto de um depósito prévio de seu sêmen em um banco com vistas a uma utilização procriadora ulterior.[30]

Quanto à ciência médica, é hoje capaz de inseminar uma mulher com o sêmen de um homem cuja esposa seja estéril. A mulher empresta seu útero durante o tempo da inseminação e da gravidez. No nascimento, a esposa, isto é, a mãe dita "social", adota legalmente a criança com seu marido, fazendo os traços de sua concepção desaparecerem.

Mas um outro roteiro é realizável. Consiste em associar "três mães" — duas biológicas e uma social — a um único gesto procriador. A primeira "mãe" doa um ovócito, logo fecundado pelo esperma do marido, ou, na falta deste, pelo de um doador anônimo. O ovo é então reimplantado no

---

sexuel, op.cit., cap.XV: "La loi du ventre". É preciso esclarecer que esse poder do materno não põe fim à desigualdade social entre os homens e as mulheres. A ciência privilegia o direito das mães no seio da família (seja qual for sua forma), mais do que o das mulheres na sociedade.
30 Na França, essas práticas são proibidas. Cf. Marcela Iacub, "Reproduction et division juridique des sexes", *Les Temps Modernes* 609, jul-ago 2000.

útero de uma segunda "mãe" que carrega a criança durante nove meses para em seguida restituí-la, ao seu nascimento, a uma terceira "mãe", a esposa do marido, a qual se encarregará de criá-lo. Juridicamente, a verdadeira mãe é então a terceira: ela adota a criança cuja fabricação encomendou à medicina. Está livre para sumir com os traços da fecundação.[31]

As histórias das mães de aluguel são diferentes daquelas dos pais doadores de sêmen, pois, como aponta Geneviève Delaisi, o pai biológico não faz nenhuma experiência concreta da paternidade. Ao contrário, a mãe de empréstimo carrega um feto real, participando assim, em seu corpo, da concepção da criança. Daí uma multiplicidade de conflitos possíveis.[32]

Em janeiro de 2001, confrontada com todas essas extravagâncias, Lori Andrews, jurista e especialista americana em bioética, denunciou o princípio das coletas de sêmen: "Pode-se coletar o esperma de um homem em coma da mesma forma que de um paraplégico, através de uma técnica de eletroejaculação ... . Na Califórnia, um homem redigiu seu testamento, doou seu esperma à namorada, escolheu um nome para o filho, para quem deixou uma carta, mandou congelar as amostragens — tudo antes de se suicidar. Um filho do primeiro casamento entrou com uma ação na Justiça para impedir essa gravidez. Foi então colocada a questão de saber se o esperma devia ser considerado parte da sucessão e se, nesse caso, a namorada, herdeira de 20% da sucessão, podia obter 20% do esperma. No recurso, o esperma foi finalmente atribuído à mulher."[33]

---

31 Todas essas maternidades de substituição são proibidas na França, assim como todas as formas de manipulação que visam transgredir a proibição da consanguinidade.
32 Geneviève Delaisi de Parseval e Alain Janaud, *L'Enfant à tout prix*, op.cit., p.119.
33 Publicado no *Courrier International*, 529-530, 21 dez 2000-3 jan 2001, p.52.

Em junho do mesmo ano, a história de Jeanine Salomone, originária de Draguignan, teve seu momento de fama. Com a idade de sessenta e dois anos, e depois de vinte anos de experiências infrutíferas, Jeanine pôs no mundo um menino, Benoît-David, concebido a partir de óvulos comercializados e do sêmen de seu próprio irmão, Robert, cego e paraplégico depois de uma tentativa de suicídio. Ela apresentara Robert como seu esposo, e o médico californiano, realizador da proeza, não questionara em momento algum a estranha aparência do casal. Além disso, como a procriação gerara um embrião extra, ele o reimplantou no útero de uma mãe de aluguel, a qual pariu Marie-Cécile, nascida três semanas depois de Benoît-David.

Adotadas por Jeanine, as duas crianças eram então ao mesmo tempo irmãos, meio-irmãos e primos, e em caso algum podiam se tornar legalmente o filho e a filha de um casal incestuoso. Não eram portanto, para o estado civil, senão filhos de mãe solteira e de pai desconhecido. Todas as regras francesas da procriação artificial haviam sido infringidas, do mesmo modo aliás que certos grandes interditos fundamentais das sociedades humanas. E no entanto Jeanine Salomone se declarava "normal" e hostil a qualquer "sacralização judaico-cristã do mistério da vida e do nascimento". Em nome dessa "normalidade", avaliada pela ciência médica, criticava as adoções de crianças pelos homossexuais e se dizia ligada aos ideais de uma conservação eugenista da "raça humana".

Em todo caso, nenhuma perseguição poderia ser empreendida contra ela pela Justiça; para isso seria preciso que as crianças estivessem em perigo em função de um comportamento parental associal: "Nós desejamos essas crianças a três, declarou Jeanine: minha mãe, meu irmão e eu. Seu nascimento é nosso renascimento. Tenho um espírito são em um corpo são ... . Quem são essas pessoas que nos criticam? Com quem eu teria que ter feito isso? Com o primeiro que aparecesse? Não. A única possibilidade de ser um filho da família era recorrer a meu irmão. Que queria um filho do nosso sangue. Isso é visceral. É mais conveniente deixar dois homossexuais adotarem uma criança? Deixar dois jovens drogados aidéticos procriarem a despeito de sua saúde? .... Nós recriamos a família tradicional onde reinam quietude e doçura, e, como não aprecio os atuais métodos de ensino, tenho a intenção de ensinar a meus filhos ler e escrever .... Uma única preocupação me assalta: que tenham um dia vergonha de mim .... Espero porém que considerem sua concepção como uma normalidade um pouco mais extraordinária que outra .... E por que não, ano que vem, um outro filho? Terei, afinal de contas, apenas sessenta e três anos! E é tão bonito um bebê..."[34]

A ideia segundo a qual a procriação médica deve imitar a fecundação natural tinha por origem o princípio jurídico da paternidade adotiva. Privilegiada pelo direito romano, esta havia sido rejeitada pelo cristianismo.[35] O direito canônico antigo efetivamente reconhecia apenas a filiação legítima oriunda do casamento, e qualquer geração que lhe fosse externa derivava do pecado de adultério. O pecado do pai — ou da mãe — recaía sobre o filho: "Os pais comeram uvas verdes e os dentes dos filhos ficaram sujos."

Quando a Revolução proclamou os direitos do homem e do cidadão, a paternidade adotiva reencontrou suas cartas de

---

34 Jeanine Salomone e Isabelle Léouffre, *Je l'ai tant voulu. Maman à 62 ans*, Paris, J.-C. Lattès, 2002. Cf. igualmente *Libération*, artigo de Michel Henry de 29 abr 2002.

35 Cf. Marie-Christine Le Boursicot, "De la filiation vraisemblable à la filiation impossible", in Martine Gross (org.), *Homoparentalités, état des lieux*, Paris, ESF, 2000, p.21-7; Jacques Mulliez, "La designation du père", op.cit., p.43-73; e Michel Tort, *Le Désir froid. Procréation artificielle et crise des repères symboliques*, Paris, La Découverte, 1992.

nobreza. E uma vez que todos os homens nasciam iguais em direito, a nação não devia mais nem excluir os bastardos nem punir os erros dos pais que discriminavam os filhos. Mas embora recuperando a ideia romana da adoção, a nova ordem procriadora instituiu o princípio segundo o qual uma filiação adotiva deve imitar com exatidão a filiação biológica. Assim, era preciso fazer desaparecer a filiação inicial da criança adotada para que ela se tornasse, realmente, o filho biológico de seus pais adotivos. Essa inovação devia também permitir aos genitores culpados de adultério reconhecerem seus bastardos, e aos órfãos de guerra serem reintegrados em novas famílias. E quando a Convenção adotou, por um decreto-lei de 28 de junho de 1793, o princípio do acasalamento secreto, com o Estado se encarregando da mãe, já pensava na possível reconstrução das famílias estéreis.[36] A ideia do anonimato, que será retomada dois séculos mais tarde no momento da consumação da procriação assistida, repousava então em um generoso projeto igualitário, do mesmo modo que a filiação substitutiva.

Em um primeiro tempo, o Código Civil de 1804 autorizou a adoção dos filhos maiores por pessoas casadas sem descendência, com a idade de pelo menos cinquenta anos e tendo quinze anos a mais que os futuros adotados. Nesse estágio, os laços com a família de origem não eram rompidos. Em 1923, depois da grande hecatombe bélica sofrida pela Europa, a adoção das crianças menores se tornou possível.

---

36 À exceção do parto secreto, que se tornará o parto sob X e será diversas vezes reforçado entre 1941 e 1993, a legislação sobre a adoção é praticamente a mesma em todos os países ocidentais. Trata-se sempre de fazer desaparecer a filiação inicial do adotado e substituí-la por uma filiação legalmente adequada à filiação dita "natural". Cf. Geneviève Delaisi de Parseval e Pierre Verdier, *Enfant de personne*, op.cit.; e Agnès Fine, "Vers une reconnaissance de la pluriparentalité?", op.cit.

Em 1939, um decreto-lei foi votado autorizando uma ruptura radical entre a família de origem e a família de adoção. O filho adotado obteve então o mesmo status que o filho legítimo e, em 1966, com a aplicação do princípio da adoção dita "plena", foi considerado, mais ainda, como fruto de uma filiação biológica. Trinta anos mais tarde, a Convenção de Haia tornou possível a adoção de uma criança por uma única pessoa.

Por volta do final dos anos 1970, no momento em que se realizava o grande sonho dos homens das Luzes, a sociedade civil começou a fazer um terrível desmentido a esse sistema que já não convinha mais às aspirações dos atores da nova "pluriparentalidade". Pois o princípio do anonimato e da supressão da origem não era em nada conforme a uma evolução da família caracterizada pelas recomposições múltiplas. E foi no mundo anglófono, e sobretudo nos Estados Unidos e no Canadá, países puritanos ligados à ideia de transparência, que se favoreceu, tanto pelas inseminações como pelas adoções, o livre acesso do indivíduo a informações sobre suas origens.

O privilégio concedido à noção de filiação substitutiva — pai adotivo ou receptor de gametas — foi ainda mais criticado na medida em que repousava em uma mentira julgada devastadora para a criança e para seu círculo: "A *open adoption*, escreve Agnès Fine, significa que se favorece o interconhecimento entre os genitores e os parentes adotivos, sob as formas mais variadas, as quais vão do simples conhecimento de sua identidade respectiva à frequentação regular (com direito de visita reconhecido), o contrato sendo negociado com os parceiros."[37]

---

[37] Agnès Fine, "Vers une reconaissance de la pluriparentalité?", op.cit., p.50.

Na França, ao contrário, a legislação não parou de fortalecer o princípio do anonimato dos doadores da filiação substitutiva. Em 1994, por ocasião da votação das três leis sobre a bioética,[38] o doador foi reconduzido a seu status de inexistência. Quanto às maternidades de substituição, foram proibidas, e sobretudo moralmente condenadas na maioria dos países latinos, empenhados na proteção da vida privada. Provocaram uma crítica ainda mais forte, na medida em que se temia que abrissem caminho para práticas monstruosas. Em 2002, a propósito, um ginecologista italiano, Severino Antinori, se tornou célebre ao recorrer a todas essas técnicas para que mulheres na menopausa pudessem se tornar mães. Ele será o primeiro, ao lado de Claude Vorilhon, guru da seita Raël, a preconizar experimentos de clonagem reprodutiva: "Confirmo, declarava ele em 2002, que três mulheres encontram-se atualmente grávidas, duas na Rússia e a terceira em outro país, depois da implantação *in utero* de embriões humanos a partir da técnica da transferência nuclear, e que os nascimentos deverão ocorrer em dezembro de 2002 ou em janeiro de 2003."[39]

"Durante muito tempo, assinalava François Jacob em 1997, tentou-se ter prazer sem filho. Com a fecundação *in vitro*, tiveram-se filhos sem prazer. E agora, consegue-se fazer filhos sem prazer nem espermatozoide! Será que teremos paz no mundo?"[40] Esse comentário ácido ilustra perfeitamente

---

38 Lei nº 94-653 de 29 de julho de 1994 sobre o respeito do corpo humano; lei nº 94-654 de 29 de julho de 1994 sobre a doação e a utilização dos produtos do corpo humano, sobre a procriação médica assistida e sobre o diagnóstico pré-natal. Observemos porém que a lei de 17 de julho de 1978 reconhece a qualquer cidadão o direito de saber o que a administração sabe sobre ele, e portanto de ter acesso aos documentos administrativos que lhe dizem respeito, salvo se as informações forem danosas à vida privada de um terceiro.
39 *Le Monde*, 25 mai 2002, declarações colhidas por Jean-Yves Nau.
40 *Le Figaro*, 27 fev 1997.

como foi recebida pela opinião pública a grande questão familiarista do final do século.

A hipótese da clonagem reprodutiva[41] remontava a 1950, mas foi só quarenta e sete anos mais tarde que Ian Wilmut, pesquisador do Instituto Roslin, de Edimburgo, anunciou o nascimento da ovelha Dolly, resultado da fusão de um ovócito enucleado e da célula de um animal adulto. Pai de três filhos, um deles adotado, Wilmut criou em seguida Polly, bezerro transgênico clonado, capaz de produzir uma proteína humana em seu leite. Esperava assim transformar animais em "usinas" de produção de moléculas para uso terapêutico. Como a quase totalidade dos homens de ciência de sua época, Wilmut declarou-se hostil à clonagem reprodutiva dos humanos.

A novidade era de porte, uma vez que, pela primeira vez, reproduzia-se por transferência nuclear um patrimônio genético idêntico àquele que estava contido no núcleo da célula implantada no ovócito enucleado. A organização genética desse animal nascido por clonagem não era fruto do acaso, mas de uma replicação do idêntico. Compreende-se o terror suscitado por este experimento teoricamente aplicável ao ser humano.

Iríamos ser devorados por clones? Os cientistas apaixonados por romances de ficção científica estavam a ponto de alcançar seus fins como os sinistros especialistas da eugenia nazista? A angústia estava à altura da fascinação exercida so-

---

[41] A clonagem humana reprodutiva é uma técnica que permite criar embriões para reimplantá-los em um útero, dando vida a um bebê geneticamente idêntico a um indivíduo já nascido. A clonagem não reprodutiva consiste em fabricar embriões para utilizar algumas de suas células com fins terapêuticos e tratar doenças como o diabetes ou o Alzheimer sem risco de rejeição. Ver a esse respeito Henri Atlan, Marc Augé, Mireille Delmas-Marty, Roger-Pol Droit e Nadine Fresco, *Le Clonage humain*, Paris, Seuil, 1999. Em agosto de 2000 o governo britânico deu um parecer favorável à clonagem não reprodutiva.

bre os espíritos por esta última variante do grande mito de Narciso.

Ninguém pensou porém em autorizar a clonagem reprodutiva. De todo lado aludiu-se ao diabo e falou-se de "crime contra a humanidade" ou de "metástase cancerígena", enquanto todos os países concernidos por esse tipo de pesquisa tomavam disposições jurídicas para proibir tais práticas.[42] O argumento invocado pelos mais sensatos dizia que, se um ser humano nascia dessa forma, sua existência estava condenada à infâmia em função mesmo de que saberia que é um clone[43] e que, por esta razão, se veria como um "subomem". Ora, diziam, o próprio do homem é no mínimo se saber, em teoria, o igual de um outro homem.

No coração dessa tempestade, esqueceu-se de criticar a atitude daqueles que alardeavam a obsessão do perigo intrusivo. Esqueceu-se de dizer que, se o invólucro genético assinala o pertencimento de qualquer indivíduo a uma espécie, nenhum indivíduo se reduz jamais a esse invólucro. E que, uma vez posto no mundo, ele se torna único, já que seu ser, sua concepção, sua história, sua genealogia e sua subjetividade se inscrevem em uma duração existencial, um ambiente, um psiquismo.[44]

---

[42] De minha parte, como para muitos outros, acho que é preciso autorizar, sob certas condições, a clonagem terapêutica — sob a condição de se definirem estritamente suas modalidades de aplicação — e proibir, no estado atual de nossos conhecimentos, a clonagem reprodutiva. Sobre essa questão, Bernard Kouchner, então ministro da Saúde francês, assumiu uma posição clara: "Em matéria de clonagem, acompanho o que considero como o verdadeiro progresso científico e médico, isto é, a clonagem terapêutica." (*Le Monde*, 25 mai 2002). Cf. também a posição assumida por Jacques Derrida in Elisabeth Roudinesco e Jacques Derrida, *De quoi demain... Dialogue*, Paris, Fayard, 2001. [Ed. bras.: *De que amanhã... Diálogo*, Rio de Janeiro, Zahar, 2004.]
[43] Esta foi a opinião emitida em 22 de abril de 1997 pelo Comitê Consultivo Nacional de Ética (CCNE), criado em 1986.
[44] Alguns porém evocaram essa evidência, sobretudo Alain Prochiantz (*Libé-*

A civilização mais sofisticada do século havia aperfeiçoado os meios técnicos mais temíveis para destruí-la. Inventara Auschwitz e Hiroshima, depois mergulhara no desastre econômico dos milhões de seres humanos em nome de uma formidável promessa de felicidade. E eis que agora inventava o clone. Condenou então a uma inexistência legal a criança fantasística de seus sonhos de autogeração. Isso não impediu o Congresso americano, para surpresa geral, de aceitar consultar o guru da seita Raël para que desse sua opinião sobre a questão.

Expulso da França, esse homem apresentou ao Congresso um programa de clonagem digno dos cientistas mais maníacos da literatura fantástica. Reunira, dizia, cinquenta mulheres dispostas a receber um "ovo" reproduzido cinquenta vezes identicamente e pretendia, graças a elas, poder "duplicar" uma criança morta com a idade de dez anos que seus pais esperavam ressuscitar.[45]

A discussão sobre clonagem reprodutiva foi a ocasião de reconsiderar, mais uma vez, a necessidade que todo ser humano tem de conhecer suas origens. Pois as opiniões emitidas sobre o fato de que todo clone, se viesse a existir, saberia forçosamente que é um clone invalidavam os hábitos — sobretudo franceses — que consistiam em assimilar a filiação adotiva a uma filiação biológica. Como se poderia exigir para o clone uma transparência que se recusava à criança adotada ou concebida pela IAD? E como, no mesmo momento, os pais gays e lésbicos que adotavam crianças faziam explodir o grande rito da dissimulação, a questão dos fundamentos do parto sob X e do anonimato do doador foi novamente levantada.

---

ration, 22 abr 1997) e Henri Atlan, *Le Clonage humain*, op.cit. Cf. também Marcela Iacub, *Le crime était presque sexuel*, op.cit.
45 A palestra de Claude Vorilhon aconteceu em março de 2001.

Desde há muito tempo — sob o impulso da psicanálise, que estipulava que ninguém escapa de um destino inscrito no inconsciente — os partidários da transparência recomendavam que os pais adotivos dissessem a verdade. Mas os adversários desse princípio rejeitavam qualquer referência a uma metafísica da origem verdadeira, apontando que uma existência se constrói no presente e que ninguém é obrigado a obedecer à lei de um pretenso "retorno do recalcado". De fato, cada um dos dois campos defendia uma concepção diferente da família.

Os primeiros privilegiavam as virtudes de uma ética da verdade oriunda da tragédia grega e substituída pelo gesto freudiano, ao passo que os últimos professavam uma espécie de utilitarismo pós-moderno fundado na preocupação de uma construção identitária: "A IAD nos vale uma nova família, assinalou por exemplo François Dagognet, que se caracteriza pelo fato de escapar à naturalidade: este é o fracasso da filiação. O pai da criança desempenhará um outro papel, não mais o do pai genético, mas aquele de um pai nutriz e sobretudo educativo. O casal pôde vencer o que o arruinava: a impossibilidade de se perpetuar. Cada um adivinha que daí resultam numerosas dificuldades. Será preciso revelar suas origens a essa criança? Não somos favoráveis. Alguns o exigem. Nossa recusa vem de insistirmos em proteger a família contra tudo o que a desestabiliza (inutilmente), pois o filho ou a filha informados abandonarão — pelo menos em espírito — aqueles que os criaram. A verdade? Não é preciso, segundo a fórmula conhecida, superestimar a mentira que permite a vida, em lugar dessa verdade que mata?"[46]

As questões concretas se multiplicaram. Seria preciso revelar suas origens a uma criança adotada quando esta fosse

---

[46] François Dagognet, "La famille sans la nature: une politique de la morale contre le moralisme", in *Au-delà du pacs*, op.cit., p.81-2.

fruto de um estupro, de um incesto ou de uma manipulação procriadora delirante? Seria preciso dizer tudo, registrar tudo, com o risco de ver os doadores anônimos fugirem ou de proibir às mulheres qualquer forma de abandono definitivo? Podia-se meramente dar algumas pistas àqueles que desejassem encontrar um dia seus genitores? Não seria melhor, mais simplesmente, confiar na palavra da verdade e desconfiar da dissimulação? Contrariamente a François Dagognet, coloco-me entre os partidários do acesso à verdade da origem, com plena consciência dos riscos que envolvem tal escolha.[47]

Desvinculada da instituição do casamento e entregue pela ciência ao poder das mães, a família do final do século XIX era horizontal e fraterna. Lugar de refúgio contra as angústias, trazia aos homens e às mulheres os benefícios de uma alteridade livremente consentida que repousava em uma imagem cada vez mais turva da ordem simbólica. Falou-se então dos "novos pais", mais felizes, dizia-se, por carregarem seu filho contra o corpo do que por levá-lo pelo braço, segundo o rito ancestral da designação nomeadora.[48]

Os homens assumiam assim um papel "maternalizante" no exato momento em que as mulheres não eram mais obrigadas a serem mães porque detinham controle da procriação. O modelo familiar oriundo dessa reviravolta se tornou, desde então, acessível àqueles que dele eram excluídos: os homossexuais.

---

47 Em 12 de janeiro de 2002, foi criado na França um Conselho Nacional de Acesso às Origens Pessoais, tendo como missão preservar os interesses dos pais adotivos e recolher informações sobre as origens das crianças adotadas sem com isso pôr fim ao princípio do parto sob X.
48 O gesto da criança levada pelo braço pelo pai sempre foi percebido na iconografia antiga e cristã como o triunfo da vontade sobre a natureza. Cf. Michel Ménard, "Le miroir brisé", in Histoire des pères et de la paternité, op.cit., p.362.

8
A família do futuro

Quando os gays e lésbicas da costa californiana quiseram, a partir de 1965-70, se tornar pais, inventaram uma cultura da família que não passava, sob muitos aspectos, da perpetuação do modelo que haviam contestado e que já se encontrava ele próprio em plena mutação. E foi exatamente porque essa cultura carregava consigo um grande desejo de normatividade que foi acolhida como a pior das feridas infligidas à ordem simbólica.

Durante alguns anos, essas experiências permaneceram pouco numerosas, mas, a partir de 1975, foram se multiplicando à medida que a luta em favor da descriminalização da homossexualidade[1] ocupava espaço no seio de um vasto movimento de emancipação dos negros e das minorias "étnicas". Sendo incapaz de dissimular para seus filhos as condições biológicas de sua geração, os pais homossexuais, por sua própria existência, incitavam a abertura do debate sobre a questão das origens. Entretanto, e mesmo que a família estivesse

---

1 Homossexualidade: termo derivado do grego (*homos* = semelhante) e criado em 1869 pelo médico húngaro Karoli Maria Kertbeny para designar, segundo uma terminologia clínica, todas as formas de amor carnal entre pessoas do mesmo sexo. Impôs-se em todas as sociedades ocidentais, entre 1870 e 1970, em oposição ao termo "heterossexualidade", forjado em 1888.

se modificando, transgrediam uma ordem procriadora que havia repousado por dois mil anos no princípio do *logos* separador e da diferença sexual. Pois a instituição familiar não podia, nessa época, escapar a seu princípio fundador: o acasalamento carnal entre um homem e uma mulher. Sob este aspecto, a invenção da família dita "homoparental"[2] arriscava reavivar o grande terror de uma possível supressão da diferença sexual, que, como vimos, surgira no final do século XIX no momento do declínio da antiga autoridade patriarcal. E mesmo que inúmeros etnólogos, movidos por um incontestável impulso de generosidade, fizessem questão, durante anos, de brandir como exemplo os raros casos de sociedades remotas em que se casavam mulheres com mulheres e homens com homens, isso só fez intensificar a terrível condenação moral que pesava sobre esse tipo de experiência.

Perseguidos há séculos, tratados como párias, invertidos, uranianos, sodomitas, bugres, homófilos, pederastas ou ainda — para as mulheres — tríbades, fanchonas ou masturbadoras,[3] os homossexuais sempre tiveram a possibilidade de fun-

---

2 O termo "homoparentalidade" [*homoparentalité*] foi criado na França em 1996 pela Associação dos Pais e Futuros Pais Gays e Lésbicos (APGL). Nunca foi utilizado no mundo anglófono — e sobretudo nos Estados Unidos —, onde se prefere falar de *lesbian and gay families* ou de *lesbian and gay parenthood*. Isso se deve ao fato de que os homossexuais americanos recusam qualquer denominação de origem psiquiátrica, preferindo um vocabulário mais gaiato, centrado no gênero. Daí a invenção do termo *gay* (para os homens), e a retomada da palavra *lesbian* (para as mulheres) em referência a Safo, a poetisa grega da ilha de Lesbos. O termo "homoparentalidade" foi criticado, com toda razão, por Irène Théry na medida em que privilegia a sexualidade do pai, que, a princípio, não foi levada em conta na filiação. Cf. Irène Théry, "Différences des sexes, homosexualités et filiation", in *Homoparentalités, états des lieux*, op.cit.; e Didier Le Gall, "Recompositions homoparentales féminines", in id. e Yamina Bettahar, *La Pluriparentalité*, Paris, PUF, 2001.
3 Cf. Florence Tamagne, *Mauvais genre? Une histoire des représentations de l'homosexualité*, Paris, La Martinière, 2001.

dar uma família desde que dissociassem as práticas sexuais ligadas à sua inclinação dos atos sexuais necessários à reprodução. Isso contribuía para fazer a homossexualidade se assemelhar à manifestação de um desejo necessariamente "perverso". E eis por que o escândalo dessa nova parentalidade residia menos no fato de que um homossexual pudesse ter filhos com uma pessoa de outro sexo do que na recusa manifestada por homossexuais de se curvar às regras da procriação natural. Que um homem não quisesse nada além de um ato carnal com uma mulher para gerar, e que uma mulher não desejasse de um homem mais que seu sêmen para procriar, aí estava a transgressão.[4] Pois os novos pais gays e lésbicos não pretendiam questionar os dois grandes interditos fundadores das leis do parentesco: proibição do incesto, interdito do distúrbio das gerações.

Freud jamais ignorou o papel desempenhado pela tradição judaico-cristã na longa história das perseguições físicas e morais infligidas durante séculos àqueles acusados de transgredir as leis da família. Muitas vezes enfatizou que os grandes criadores eram homossexuais, e sempre foi sensível à tolerância do mundo antigo para com a pederastia, esquecendo inclusive que nos gregos o amor pelos meninos era reprovado e julgado perigoso para a cidade.[5]

Em todo caso, não colocava a homossexualidade entre as "taras" ou as "anomalias", e considerava todo sujeito capaz de fazer essa escolha, em função da universalidade da bissexualidade psíquica. Nunca abandonou a ideia de uma predisposição natural ou biológica, e, mesmo tendo frequentemente mudado de opinião sobre essa questão, permaneceu convencido de que, tanto para um homem como para uma mulher,

---

4 Esse novo modo de parentalidade foi inicialmente da alçada das mulheres.
5 Em sua interpretação do mito de Édipo, Freud nunca pensou em evocar o episódio "homossexual" de Laio.

o fato de ser educado por mulheres, ou por uma única mulher, favorecia a homossexualidade.

Freud portanto não classificava a homossexualidade enquanto tal na categoria das práticas sexuais perversas (zoofilia, fetichismo, coprofilia, exibicionismo etc.), e distinguia *a* perversão, estrutura psíquica comum aos dois sexos, dos atos sexuais perversos praticados sobretudo pelos homens e às vezes pelas mulheres, fossem ou não homossexuais. Sujeito trágico, o homossexual freudiano encarna uma espécie de ideal sublimado da civilização: "A homossexualidade, escreve em 1935, não é evidentemente uma vantagem, mas nada existe nela de que se deva ter vergonha, não é nem um vício nem um aviltamento, e seríamos incapazes de qualificá-la como doença; nós a consideramos como uma variação da função sexual provocada por uma interrupção do desenvolvimento sexual. Diversos indivíduos altamente respeitáveis, dos tempos antigos e modernos, foram homossexuais, e entre eles encontramos alguns dos homens mais grandiosos (Platão, Michelangelo, Leonardo da Vinci etc.). É uma grande injustiça perseguir a homossexualidade como um crime, e também uma crueldade. Se não acreditam em mim, leiam os livros de Havelock Ellis."[6] Freud acrescenta ainda que é vão querer transformar um homossexual em heterossexual.

Já a sexologia inventou um vocabulário específico destinado a hierarquizar os comportamentos sexuais "desviantes", que eram classificados ora entre as doenças hereditárias, ora entre os crimes e delitos.

Em nome dessas teorias, diversos cientistas criticaram então as legislações repressivas, como demonstram as ações empreendidas por Magnus Hirschfeld[7] sobre o "sexo inter-

---

6 Sigmund Freud, *Correspondance, 1873-1939*, op.cit. Essa carta é dirigida a uma mãe americana preocupada com a homossexualidade de seu filho.

7 Magnus Hirschfeld (1868-1935), psiquiatra alemão que militou a favor de

mediário", por Havelock Ellis sobre o aspecto "inato" natural da homossexualidade, mas também por um jurista de Hanôver, Carl Heinrich Ulrichs, que publicou sob o pseudônimo de Numa Numantius uma série de trabalhos nos quais popularizou o termo uranismo[8] para sustentar que a inversão sexual era uma anomalia hereditária próxima da bissexualidade que produzia uma "alma de mulher num corpo de homem". Em seguida, o psiquiatra Carl Westphal deu seu apoio à teoria da homossexualidade congênita ao criar a noção de um "terceiro sexo". Entre 1898 e 1908 foram lançadas mil publicações abordando a homossexualidade.[9]

Para os defensores do discurso psiquiátrico do século XX, a homossexualidade sempre foi designada como uma inversão sexual, isto é, uma anomalia psíquica, mental ou de natureza constitutiva e, em quaisquer circunstâncias, como a expressão de um distúrbio da identidade ou da personalidade, podendo ir até a psicose e frequentemente levando ao suicídio.

Foi preciso esperar os anos 1970, depois os trabalhos dos historiadores — de Michel Foucault a John Boswell — e os grandes movimentos de liberação sexual, para que a homossexualidade passasse a ser vista não como doença, mas como prática sexual totalmente à parte, marcada aliás pela diversidade. Falou-se então *das* homossexualidades, e não mais da homossexualidade, para significar que esta não era mais uma estrutura imutável, mas um componente multiforme da sexualidade humana.

---

uma reforma da legislação alemã sobre os homossexuais e foi, em 1908, um dos fundadores da Associação Psicanalítica de Berlim.
8 Em referência a Urano. Sandor Ferenczi, como Freud, militou em favor da emancipação dos homossexuais.
9 Sobre a história da homossexualidade, remetemos à obra de Didier Éribon, *Réflexions sur la question gay*, op.cit., que fornece uma síntese de todas as teorias em vigor e de todas as discussões suscitadas pela construção da identidade homossexual.

Em 1974, sob a pressão dos movimentos gays e lésbicos, a American Psychiatric Association (APA) decidiu, após um referendo, retirar a homossexualidade da lista das doenças mentais, rebatizadas "desordens mentais" pelo *Manual diagnóstico e estatísticas dos distúrbios mentais (DSM)*. O episódio dessa desclassificação rocambolesca foi um dos grandes escândalos da história da psiquiatria. Demonstrava em todo caso a pertinência das críticas dirigidas há tantos anos a uma disciplina que tendia a se tornar a empregada faz-tudo dos laboratórios farmacêuticos. Em função de não saber definir cientificamente a natureza da homossexualidade, a comunidade psiquiátrica americana de fato cedeu, de forma demagógica, à pressão da opinião pública ao organizar uma eleição acerca de um problema que não derivava em nada, como todos verão, de uma decisão eleitoral.

Treze anos mais tarde, em 1987, sem a menor discussão teórica, a APA sumiu com a palavra "perversão" da terminologia psiquiátrica mundial para substituí-la por esta, ridícula, "parafilia", capaz de diluir a própria noção de homossexualidade.[10]

Os discípulos e herdeiros de Freud se mostraram, por sua vez, de uma intolerância extrema para com a homossexualidade. A partir de dezembro de 1921, e durante um mês, a questão dividiu os membros do Comitê Diretor da IPA, a

---

10 Sobre a história do DSM, remetemos ao ensaio de Stuart Kirk e Herb Kutchins, *Aimez-vous le DSM? Le Triomphe de la psychiatrie américaine* (Nova York, 1992), Les Plessis-Robinson, Synthélabo, col. Les Empêcheurs de Penser en Rond, 1998. Na França, a retirada da homossexualidade da lista das doenças mentais elaborada pela OMS foi anunciada pelo ministro da Saúde em 12 de junho de 1981. Sobre as etapas da descriminalização da homossexualidade, remetemos ao livro de Janine Mossuz-Lavau *Les Lois de l'amour*, op.cit. Votada em 28 de julho de 1982, depois dos debates históricos e das injúrias inadmissíveis proferidas no encontro dos homossexuais, essa descriminalização foi obra de Robert Badinter, que conseguira no ano precedente abolir a pena de morte.

internacional freudiana. Apoiados por Karl Abraham, os berlinenses se recusaram a conceder aos homossexuais o direito de se tornarem psicanalistas. Apoiado por Freud, Otto Rank se opôs a essa diretriz: "Não podemos afastar essas pessoas sem um motivo convincente, assim como não podemos aceitar que sejam perseguidos pela lei." Lembrou que existiam diferentes tipos de homossexualidade e que cada caso particular devia ser examinado. Contra ele, Ernest Jones apoiou os berlinenses e proclamou que, aos olhos do mundo, a homossexualidade "era um crime repugnante: se um de nossos membros o cometesse, cairíamos em um grave descrédito".[11]

Ao longo dos anos e durante mais de cinquenta anos, sob a influência crescente das sociedades psicanalíticas norte-americanas, a IPA, embora se adequando às posições da nosografia psiquiátrica, reforçou seu arsenal repressivo. De seu lado, Anna Freud desempenhou papel importante na dissuasão das teses de seu pai. Ela própria suspeita no meio psicanalítico de manter uma ligação "culpada" com sua amiga Dorothy Burlingham, militou contra o acesso dos homossexuais ao status de didata e, ao mesmo tempo, pregou a ideia, contrária a qualquer realidade clínica, de que um tratamento bem-sucedido deve conduzir um homossexual para o caminho da heterossexualidade.

Quanto aos representantes da corrente kleiniana, consideraram que a homossexualidade se explicava ora por uma "identificação com um pênis sádico", ora por um "distúrbio esquizoide da personalidade, acompanhado ou não de manifestação de defesa contra uma paranoia excessiva". Nunca nenhum kleiniano se levantou para criticar a discriminação

---

11 A decisão de proibir aos homossexuais o acesso à profissão de psicanalista foi tacitamente reeditada, sem jamais se tornar uma regra escrita nos estatutos da IPA, o que permitiu a seus adeptos afirmar que ela não existia e que não tinha portanto necessidade de ser abolida.

de que os homossexuais eram vítimas. Em seguida, os pós-kleinianos viram a homossexualidade como um distúrbio de natureza *borderline*,[12] associando-a a uma desordem psíquica próxima da psicose.

Com cerca de duas dezenas de exceções, entre as quais o clínico californiano Robert Stoller, especialista em transexualismo, e a clínica neozelandesa Joyce McDougall, membro da Sociedade Psicanalítica de Paris (SPP), os principais notáveis da IPA foram portanto, durante décadas, os artífices do que se pode considerar como uma desonra para a psicanálise.[13]

Em 1975, a Associação Americana de Psicologia adotou a mesma posição que os psiquiatras. Seus representantes aconselharam a todos os profissionais da saúde mental a renunciar a seus preconceitos homófobos e empreender pesquisas de campo junto às famílias homoparentais. Sofrendo com o ostracismo que os atingia, os gays e lésbicas entraram assim no círculo infernal da especialização e da contraespecialização. Quiseram "provar" que eram bons pais e que seus filhos adotados, procriados artificialmente ou oriundos de famílias recompostas se comportavam tão bem quanto aqueles criados nas famílias ditas "heterossexuais".

Para demonstrar o absurdo de tal procedimento, talvez seja preciso lembrar, através de alguns casos clínicos, o que às vezes foi a vida ordinária de certas dessas famílias "heterossexuais" da metade do século, cujos filhos, então adultos, fre-

---

12 Estado-limite entre a psicose e a neurose.
13 Essa crítica não visa, naturalmente, a massa anônima dos clínicos. Foi preciso esperar as declarações públicas dos psicanalistas americanos da IPA, no congresso de Barcelona de 1997, para que a situação começasse a mudar. Cf. Elisabeth Roudinesco, "Psychanalyse et homosexualité...", op.cit. Em 2002, Daniel Widlöcher empenhou-se em pôr em prática na IPA, durante seu mandato como presidente, uma política de não discriminação dos homossexuais, o que significa que a discriminação existia. Cf. *Newsletter. IPA* 10, 2, 2002.

quentaram vinte anos mais tarde os divãs dos psicanalistas.¹⁴ Como conta Leonard Shengold, tinham em sua maioria sofrido em sua infância ou adolescência terríveis violências psíquicas ou físicas: "Meu pai batia tão forte que nos quebrava os ossos." "Minha mãe colocava lavagem nos flocos de aveia de meu irmão retardado mental." "Minha mãe deixava a porta de seu quarto aberta quando levava homens para casa a fim de nos mostrar que dormia com eles." "Meu padrasto tomava banho comigo e me fazia chupá-lo até que ejaculasse, e, quando eu disse isso a minha mãe, ela me deu um tapa e me chamou de mentiroso."¹⁵

Os depoimentos narrados por Shengold em 1989 não diziam respeito apenas a abusos sexuais. Revelavam também torturas morais em que o ódio ia lado a lado com a indiferença, como ilustra a história daquele jovem suicida oriundo de uma família riquíssima. Seu pai, alcoólatra e paranoico, o tratara sempre como um objeto, ao passo que manifestava um amor exagerado por seus cavalos. Quanto à sua mãe, nunca deixara de humilhá-lo, mesmo lhe proporcionando, com um luxo exagerado, suntuosas satisfações materiais. O dia em que soube que ele estava em análise, ofereceu-lhe como presente de aniversário um par de pistolas que havia pertencido a seu pai.

A cena mais estarrecedora desses relatos de caso é provavelmente aquela em que um homem de uns trinta anos, casado e pai de família, descobre, durante uma breve análise, a lembrança inteiramente recalcada do ato incestuoso cometido com sua mãe na idade de doze anos. A penetração se repetira diversas vezes até o momento em que, pela primeira

---

14 Lembremos também que Ida Bauer e todos os grandes pacientes de Freud pertenciam a famílias "heterossexuais", aparentemente "normais".
15 Leonard Shengold, *Meurtre d'âme. Le destin des enfants maltraités* (1989), Paris, Calmann-Lévy, 1998.

vez, o menino tivera uma ejaculação. Aterrorizada com a ideia de uma possível fecundação, a mãe fugira aos gritos. Tinha então banido para sempre de sua vida a loucura sexual que se apoderara dela e da qual seu filho se tornara a vítima. Na idade adulta, este não conseguia se livrar de uma nuvem negra e ameaçadora que flutuava em sua cabeça e que lhe impedia qualquer sucesso afetivo e profissional: "Tal como Édipo, escreve Shengold, ele estava cego por causa da 'peste' em sua vida, e havia sido uma vaga consciência desse fenômeno que o levara para a análise."[16]

Os procedimentos utilizados nos Estados Unidos junto aos pais gays e lésbicos não buscavam, como os relatos de Shengold, elucidar a genealogia inconsciente dos sujeitos, mas testar as "aptidões psicológicas" dos homossexuais para serem pais, e depois determinar se seus filhos eram suscetíveis ou não de se tornarem homossexuais, depressivos, e se seriam capazes de se orientar no balizamento das diferenças anatômicas. Corriam eles o risco, mais que os outros, de sofrer distúrbios psicóticos ou adotar comportamentos associais, ou ainda serem mais facilmente abusados sexualmente por adultos em função de que os homens homossexuais — seus pais — eram frequentemente assimilados a pedófilos? Dezenas de pesquisas desse tipo foram publicadas entre 1973 e 1995.[17] Trouxe-

---

16 Leonard Shengold, *Meurtre d'âme*, op.cit.

17 Estima-se atualmente que 10% dos homossexuais americanos e canadenses estão na categoria dos pais gays e lésbicos, seja porque vivem com um companheiro do mesmo sexo depois de se terem separado da mãe ou do pai de seus filhos; seja porque conceberam filhos com a ajuda da IAD ou de mães de aluguel; seja porque adotaram filhos como solteiros; seja ainda porque recorreram a inseminações espontâneas entre um pai e uma mãe homossexuais, cada um vivendo com um companheiro ou companheira do mesmo sexo, o filho sendo então criado por quatro pessoas. Isso significa que existem no continente americano de 1 a 5 milhões de mães lésbicas, de 1 a 3 milhões de pais gays, e de 6 a 14 milhões de crianças criadas por pais homossexuais. Os primeiros nascimentos remontam a 1965, e conheceram um *boom* em 1980. Cf. D.

ram pouco esclarecimento sobre a formidável mutação histórica que representava o fato de não mais fundar a ordem familiar na diferença sexual, mas confortaram as angústias dos homossexuais ao mostrarem que eram pais tão comuns quanto os outros, isto é, semelhantes àqueles das famílias horizontais do final do século, incessantemente recompostas. Ao fundar a Escola Freudiana de Paris (EFP) em 1964, Lacan, contrariamente aos seus colegas da IPA, possibilitou que homossexuais se tornassem analistas.[18] Entretanto, ao contrário de Freud, via a homossexualidade como uma perversão em si: não uma prática sexual perversa, mas a manifestação de um desejo perverso, comum aos dois sexos. Quanto à perversão, fazia dela uma estrutura universal da personalidade humana. A seus olhos, o homossexual é uma espécie de perverso sublime da civilização obrigado a endossar a identidade infame a ele atribuída pelo discurso normativo. Com isso, não consegue de forma alguma alcançar um status de neurótico comum sem atentar contra seu ser. Mais próxima da obra de Sade e de Bataille que da de Freud, a perversão no sentido lacaniano é analisável mas nunca curável, o amor homossexual sendo, segundo ele, a expressão de uma disposi-

---

Julien, M. Dube e I. Gagnon, "Le développement des parents homosexuels comparé à celui des parents hétérosexuels", *Revue Québécoise de Psychologie* 15, vol.III, 1994.

Por toda a Europa, a homoparentalidade está em vias de se tornar um fato social. É a Stéphane Nadaud que devemos o primeiro levantamento francês desse gênero, realizado em 1999 junto a 190 pais, membros da Associação dos Pais e dos Futuros Pais Gays e Lésbicos (APGL). Criada em 1986, a APGL conta atualmente com 1.200 membros que criam cerca de 200 crianças. Em seu livro *Homoparentalité, une nouvelle chance pour la famille?* (op.cit.), Stéphane Nadaud critica o princípio da especialização sem com isso negar sua eficácia na suavização das angústias parentais.

18 Essa posição de Lacan explica por que existem mais psicanalistas homossexuais "visíveis" nas sociedades psicanalíticas de hoje, oriundas da antiga EFP, do que nas fileiras daquelas da IPA.

ção perversa presente em todas as formas de relação amorosa. Quanto ao desejo perverso, só se sustenta a partir de uma "captação inesgotável do desejo do outro".[19]

Nessa ótica, Lacan compara o lugar conferido à homossexualidade na Grécia com aquele ocupado pelo amor cortês na sociedade medieval. Ambos, diz ele, têm uma função de sublimação que consiste em perpetuar o ideal de um mestre no seio de uma sociedade ameaçada pelas devastações da neurose. Em outras palavras, segundo ele, o amor cortês coloca a mulher em uma posição equivalente àquela que o amor homossexual grego atribui ao mestre.[20] Como consequência, o desejo perverso presente nessas duas formas de amor, em que se entrelaçam sublimação e sexualidade, lhe aparece como uma inclinação favorável à arte, à criação, e à intervenção de novas formas do laço social.

Certo, Lacan retomava por sua conta a concepção freudiana da lei do pai e do *logos* separador, mas fazia da ordem simbólica uma função da linguagem que estruturava o psiquismo. E, se dava sequência ao empreendimento freudiano de revalorização da função paterna fazendo do conceito de nome-do-pai o significante desta, e da família o filtro quase "perverso" da norma e da transgressão da norma, nunca aderiu ao familiarismo moral oriundo de Bonald ou de Maurras.[21]

---

19 Jacques Lacan, *Le Séminaire*, livre V: *Les Formations de l'inconscient* (1957-58), Paris, Seuil, 1998, p.207-12; e *Le Séminaire*, livre VIII, *Le Transfert* (1960-61), Paris, Seuil,2001, nova ed. rev. e corr., p.163 [Eds. bras.: *O Seminário*, livros 5 e 8, Rio de Janeiro, Zahar, 1992 e 1992, resp.)
20 Essa tese encontra-se em René Nelli, *L'Érotique des troubadours*, Toulouse, Privat, 1984. O amor cortês é sempre adúltero, e coloca a mulher em posição de mestre/senhor ideal. Ele não poderia existir no casamento, em que o marido, que não foi escolhido, se comporta como tirano brutal.
21 Sobre essa questão, remetemos ao capítulo 5 deste volume: "O patriarca mutilado". A nomeação paterna, no sentido de Lacan, não é o equivalente da transmissão do patronímico, mas um reconhecimento simbólico. Como consequência, o conceito de nome-do-pai, mesmo tendo sido criado por Lacan a

Quando os casais homossexuais franceses obtiveram em 1999, sob os sarcasmos e as injúrias da direita parlamentar,[22] um primeiro reconhecimento legal de sua vida comum, certos psicanalistas lacanianos adotaram, assim como seus colegas da IPA, uma posição de especialistas. Sem nada conhecerem das experiências americanas, lançaram-se em uma furiosa cruzada contra aqueles que acusavam de ser os adeptos de uma grande "dessimbolização" da ordem social, ou ainda os responsáveis por uma nova tentativa de supressão da diferença sexual.[23] Os cruzados eram portanto eles próprios psicanalistas, e era em nome de Freud e de sua doutrina que atribuíam aos homossexuais a intenção mortífera outrora atribuída às mulheres.

Pierre Legendre[24] fez parte da coorte.

---

partir de sua difícil experiência de paternidade, não é invalidado pelo fato de o filho poder herdar o patronímico de sua mãe em vez do do pai, como é o caso em numerosos países, e na França desde a votação da lei de 8 de fevereiro de 2001. Mas é verdade que essa reviravolta das regras francesas da transmissão do nome foi sentida, no momento em que passou a ser lei, como um novo atentado contra o poder patriarcal. Cf. *Le Monde*, 10 fev 2001.

22 O pacto de solidariedade foi votado em 15 de novembro de 1999. Cf. nota 1 do Prefácio deste livro.

23 Cf. Gilbert Diatkine, "Identification d'un patient", *Revue Française de Psychanalyse* 4, vol.LXII, 1999; César Botella, "L'homosexualité(s): vicissitudes du narcissisme", ibid.; e Jean-Pierre Winter, "Gare aux enfants symboliquement modifiés", *Le Monde des Débats*, mar 2000. A propósito, Simone Korf-Sausse comparou os homossexuais a clones incapazes de enfrentar qualquer coisa a não ser a "lógica do mesmo" no *Libération* de 7 de julho de 1999. Por ocasião de um programa de televisão de junho de 2001 e de uma intervenção na RTL em 21 de junho, Charles Melman declarou que os "filhos dos casais homossexuais seriam brinquedos de pelúcia destinados a satisfazer o narcisismo de seus pais". Impossível em tais condições que uma família seja considerada "honrada". Quanto à definição melmaniana da família dita "normal", resumia-se a conversas de salão: "Entendo por família normal a que permite à criança enfrentar dificuldades verdadeiras."

24 Psicanalista, antigo membro da EFP e diretor de estudos honorário da École Pratique des Hautes Études, seção V (ciências religiosas).

Concebedor de uma antropologia dogmática, Legendre vê nas instituições judaico-cristãs montagens simbólicas que permitem aos homens lutar contra as devastações do gozo ilimitado, do indivíduo "sem tabu" e da criança-rei. Assim, atribui ao Estado democrático moderno, herdeiro das ditas instituições, o dever de impor a seus súditos uma ordem simbólica cuja função seria salvaguardar as referências diferenciadas do homem e da mulher. Nessa perspectiva, o pai e a mãe são as imagens fundadoras da sociedade — e portanto da família — instituídas pelo direito:[25] "Pensem nas iniciativas tomadas pelos homossexuais, declarou em 2001. O pequeno episódio do pacto de solidariedade revela que esse Estado abdicou de suas funções de garantia da razão. Freud mostrara a onipresença do desejo homossexual como efeito da bissexualidade psíquica .... Instituir a homossexualidade com um status familiar é colocar o princípio democrático a serviço da fantasia. Isso é fatal, na medida em que o direito, fundado no princípio genealógico, abre espaço para uma lógica hedonista, herdeira do nazismo."[26]

Exaltado por sua paixão, Legendre parecia esquecer que os homossexuais haviam sido exterminados pelos nazistas como "representantes de uma raça inferior e degenerada".[27] Porém, acima de tudo, não reivindicava para si o gesto freudiano e lacaniano, caracterizado por reservar a antiga soberania do pai a uma ordem do desejo e da lei, que, para inverter seu movimento, brandia a ordem simbólica como o espectro de uma possível restauração da autoridade patriárquica.

---

25 Pierre Legendre, *L'Inestimable Objet de la transmission. Étude sur les principes généalogiques en Occident*, Paris, Fayard, 1985.
26 Pierre Legendre, entrevista a Antoine Spire, *Le Monde*, 23 out 2001.
27 Atualmente eles são assassinados na Arábia Saudita, martirizados no Egito e insultados por polígamos islamistas que os julgam responsáveis pelo declínio dos valores viris do Ocidente.

Como não ver nessa *fúria* psicanalítica do fim do segundo milênio, quando não o anúncio de sua agonia conceitual, pelo menos o sinal da incapacidade de seus representantes em pensar o movimento da história? Para além do ridículo das cruzadas, das especializações e dos preconceitos, será preciso efetivamente admitir um dia que os filhos de pais homossexuais carregam, como outros, mas muito mais que os outros, o traço singular de um destino difícil. E será preciso admitir também que os pais homossexuais são diferentes dos outros pais. Eis por que nossa sociedade deve aceitar que eles existem *tais como são*. Ela deve lhes conceder os mesmos direitos. E não é obrigando-se a serem "normais" que os homossexuais conseguirão provar sua aptidão a criar seus filhos. Pois, ao buscarem convencer aqueles que os cercam de que seus filhos nunca se tornarão homossexuais, eles se arriscam a lhes dar, de si próprios, uma imagem desastrosa.

Todos os pais têm o desejo de que seus filhos sejam ao mesmo tempo idênticos a eles e diferentes. Daí uma situação inextricável na qual a revolta e a separação são tão necessárias quanto a adesão a valores comuns, até mesmo a uma certa nostalgia de um passado idealizado. Como consequência, os filhos herdam em seu inconsciente da infância de seus pais, de seu desejo e de sua história o mesmo que de uma diferença sexual. E, quando são adotados ou oriundos de uma procriação assistida, que dissocia a reprodução biológica do ato sexual e do parentesco social, não saem incólumes das perturbações ligadas a seu nascimento. E aliás foi de fato para se proporcionar a ilusão de uma possível erradicação dessa dissociação que a ordem social sempre buscou mascarar as origens daqueles que haviam sofrido tais desordens.

A infância dos homossexuais ocidentais do século XX foi melancólica. Houve inicialmente, desde a mais tenra idade, o sentimento de pertencer a uma outra raça. Houve em seguida a terrível certeza de que a inclinação maldita jamais poderia ser reprimida. Houve enfim a necessidade da confissão, a obrigação de dizer a pais incrédulos, e às vezes violentamente hostis, que haviam gerado um ser sem futuro, condenado a uma sexualidade vergonhosa e selvagem, e sobretudo incapaz de lhes oferecer uma descendência. Com medo de decepcionar, ou de não estar à altura das esperanças sobre eles projetadas, inúmeros foram aqueles que odiaram a si mesmos, buscando no suicídio ou no fingimento o fim de seu calvário ou, no anonimato das cidades, o orgulho de existir para uma *outra família*: a da cultura gay.[28]

Foi então que a aids dizimou toda uma geração, nascida entre 1945 e 1960, no exato momento em que esta acabava de conquistar sua liberdade.[29] E foi então que surgiu de forma bem mais massificada, sobretudo para os homens, o desejo de gerar e de transmitir uma história. Sob esse aspecto, os homossexuais se adaptaram à estrutura familiar de sua época, uma estrutura desconstruída, medicalizada, esfacelada, periciada, entregue ao poder materno, e que já escapara à antiga autoridade patriarcal que se buscava no entanto, em vão, não revalorizar, mas restabelecer fazendo-a passar pela quintessência de uma ordem simbólica imutável.

Será então preciso que, ao se tornarem pais, os homossexuais de hoje se ponham a eliminar de sua memória os traços desses sofrimentos a fim de que seus filhos não os herdem? Será preciso que rejeitem sua inclinação sexual e as revoltas de sua juventude para não as dar como exemplo a filhos intima-

---

28 Cf. Didier Éribon, *Réflexions sur la question gay*, op.cit., particularmente o capítulo intitulado "Famille et mélancolie".
29 Quarenta mil mortos na França em vinte anos (1982-2002), vinte e cinco milhões no mundo. Cf. Michaël Polak, *Les Homosexuels et le sida*, Paris, A.-M. Métailié, 1988; e François Pommier, *La Psychanalyse à l'épreuve du sida*, Paris, Aubier, 1996.

dos a nunca se lhes assemelhar? Mais que obedecer a tal injunção, achamos preferível que cada um seja pai com sua história, com seu inconsciente.

Qual será, enfim, o futuro da família? Para aqueles que temem mais uma vez sua destruição ou sua dissolução, objetamos, em contrapartida, que a família contemporânea, horizontal e em "redes", vem se comportando bem e garantindo corretamente a reprodução das gerações. Assim, a legalização do aborto não conduziu ao apocalipse tão anunciado por aqueles que viam seus partidários como assassinos do gênero humano.

Despojado dos ornamentos de sua antiga sacralidade, o casamento, em constante declínio, tornou-se um modo de conjugalidade afetiva pelo qual cônjuges — que às vezes escolhem não ser pais — se protegem dos eventuais atos perniciosos de suas respectivas famílias ou das desordens do mundo exterior. É tardio, reflexivo, festivo ou útil, e frequentemente precedido de um período de união livre, de concubinato ou de experiências múltiplas de vida comum ou solitária.

Cada vez mais frequentemente concebidos fora dos laços matrimoniais, os filhos assistem, uma vez em cada três, às núpcias de seus pais, doravante unidos não para a duração de uma vida, mas, em mais de um terço dos casos, para um período aleatório que se consumará com um divórcio — consentido, passional ou litigioso —, e, para as mulheres, com uma situação dita "monoparental". Pois são elas que sofrem inicialmente as consequências das rupturas por elas provocadas hoje, com mais frequência que os homens. O poder das mães tem dois gumes.[30]

---

30 No que diz respeito à França, os levantamentos mostram que o casamento

Aos utopistas que acreditam que a procriação será um dia a tal ponto diferenciada do ato carnal que os filhos serão fecundados fora do corpo da mãe biológica, em um útero de empréstimo e com a ajuda de um sêmen que não será mais aquele do pai, retorquimos que, para além de todas as distinções que podem ser feitas entre o gênero e o sexo, o materno e o feminino, a sexualidade psíquica e o corpo biológico, o desejo de um filho sempre terá algo a ver com a diferença dos sexos. Demonstram isso as declarações dos homossexuais que sentem a necessidade de dar aos filhos por eles criados uma representação real da diferença sexual, e não apenas duas mães das quais uma desempenharia papel de pai, ou dois pais dos quais um se disfarçaria de mãe.

Finalmente, para os pessimistas que pensam que a civilização corre o risco de ser engolida por clones, bárbaros bissexuais ou delinquentes da periferia, concebidos por pais desvairados e mães errantes, observamos que essas desordens não são novas — mesmo que se manifestem de forma inédita —, e sobretudo que não impedem que a família seja atualmente reivindicada como o único valor seguro ao qual ninguém quer renunciar. Ela é amada, sonhada e desejada por homens, mulheres e crianças de todas as idades, de todas as orientações sexuais e de todas as condições.[31]

---

está em constante declínio de um quarto de século para cá. Em 2000, 304.300 casamentos foram celebrados. O divórcio continua a progredir, e uma proporção cada vez maior da população nasce em famílias recompostas. Em Paris, existem mais lares solitários do que lares familiares. Para 29,6 milhões de pessoas vivendo como casal, 4,8 milhões não são casadas. Até vinte e seis anos para as mulheres e vinte e oito para os homens, os coabitantes ultrapassam em número os casados. O pacto de solidariedade teve um sucesso significativo, tanto junto aos homossexuais como junto aos heterossexuais: 29.855 foram assinados em 2000. Entre 1990 e 2000, o número dos lares monoparentais passou de 1,2 milhão para 1,7. As famílias monoparentais representam 16% dos lares com filhos. Cf. *Le Monde*, 10 fev 2001.
31 Todas as pesquisas sociológicas mostram isso.

É claro porém que o próprio princípio da autoridade — e do *logos* separador — sobre o qual ela sempre se baseou encontra-se atualmente em crise no seio da sociedade ocidental. Por um lado, esse princípio se opõe, pela afirmação majestosa de sua soberania decaída, à realidade de um mundo unificado que elimina as fronteiras e condena o ser humano à horizontalidade de uma economia de mercado cada vez mais devastadora, mas por outro incita incessantemente a se restaurar na sociedade a figura perdida de Deus pai, sob a forma de uma tirania. Confrontada com este duplo movimento, a família aparece como a única instância capaz, para o sujeito, de assumir esse conflito e favorecer o surgimento de uma nova ordem simbólica.

Eis por que ela suscita tal desejo atualmente, diante do grande cemitério de referências patriárquicas desafetadas[32] que são o exército, a Igreja, a nação, a pátria, o partido. Do fundo de seu desespero, ela parece em condições de se tornar um lugar de resistência à tribalização orgânica da sociedade globalizada. E provavelmente alcançará isso — sob a condição todavia de que saiba manter, como princípio fundador, o equilíbrio entre o um e o múltiplo de que todo sujeito precisa para construir sua identidade.

A família do futuro deve ser mais uma vez reinventada.

---

32 Segundo a expressão de André Burguière em um texto inédito de 2002 intitulado "Où va la famille?", que serve de apresentação aos XIIes Rencontres du Centre National de Recherches Scientifiques (CNRS) de outubro de 2002 sobre esse tema.

1ª EDIÇÃO [2003] 10 reimpressões

ESTA OBRA FOI COMPOSTA POR TOPTEXTOS EDIÇÕES GRÁFICAS
EM ADOBE GARAMOND E FRUTIGER E IMPRESSA EM
OFSETE PELA GRÁFICA BARTIRA SOBRE PAPEL ALTA ALVURA
DA SUZANO S.A. PARA A EDITORA SCHWARCZ EM SETEMBRO DE 2021

A marca FSC® é a garantia de que a madeira utilizada na fabricação do papel deste livro provém de florestas que foram gerenciadas de maneira ambientalmente correta, socialmente justa e economicamente viável, além de outras fontes de origem controlada.